도시재생의 뉴 웨이브

: 은평구 로컬 상점 이야기

저자

나윤도

류혜림

강광석

본 도서는 국토교통부가 시행한 「도시재생 전문인력 양성사업」으로 지원되었습니다(과제번호 R2018044).

도시재생의
뉴 웨이브

은평구 로컬 상점 이야기

저자 나윤도 류혜림 강광석

청춘미디어

어쩌다
이 곳에서
시작하게 된걸까?

본 도서는 국토교통부가 시행한 도시재생 전문인력 양성사업으로 지원되었습니다.

INDEX (목차)

본 도서는 국토교통부가 시행한 「도시재생 전문인력 양성사업」으로 지원되었습니다
(과제번호 R2018044).

프롤로그

평범한 주거지역, 동네에 고유한 매력을 갖고 있는 상점들이 생겨나고
그 상점들이 모여 작은 상권을 이루고 지역과 소통한다.
동시에 그 상권이 동네의 또 다른 특색을 만들어 나간다.
은평구에도 그런 상점들이 하나 둘 보이기 시작했다.

'왜 이곳에 로컬상권이 생길까?'

단순한 물음이다.
어쩌다 이 곳에서 시작하게 된걸까?
자연환경 때문일까? 정부지원 때문일까? 임대료가 관건이었을까?
아니면 인근 상권의 쇠퇴에 따른 반사적 이익일까?

여러 가지 요인들을 떠오르지만,
가장 정확한 답은 현장의 목소리에서 찾을 수 있다고 생각했다.
자신의 공간에서 가치를 담아내는 소상공인의 이야기가 궁금했다.

직접 발로 찾아나섰다. 그들이 담아내는 가치와 살아가는 방식, 그리고 지역과 관계 맺고 살아가는 삶에 대해 이야기를 나눴다. 그렇게 2023년 3월부터 지역신문 '은평시민신문'에 기고하며 꾸준히 그들의 이야기를 담고 있다.

이 책은 로컬의 색이 가득한 소상공인의 이야기와 함께 자생적 로컬 상권에 대한 고민과 한계, 발전 방향에 대한 분석을 담은 작은 연구물이다. 로컬에 관심이 있는 사람들이 모이면서 자생적으로 형성되는 로컬 상권 영향 요인을 밝히고, 지속가능한 로컬 상권의 발전 방향을 모색하고자 한다.

이 책을 펼친 당신에게도
내가 사는 동네, 평범하다고 느꼈던 작은 골목에 한 번 더 눈길을 주기를,
그리고 그 공간에서 새롭게 자신의 이야기를 피워나가는 사람들에게 애정 어린 시선을 갖기를 바란다.

제1장 로컬 상권의 특징과 유형

1. 로컬 상권이란?

　로컬 상권은 독특한 매력과 가치를 지니고 있다. 그 지역의 문화와 역사, 그리고 사람들의 삶을 반영하는 동시에, 지역 경제의 중추 역할을 담당하며 지역 사회의 일원들에게 소속감을 주는 중요한 공간이 로컬 상권이다. 이들 상권은 대형 프랜차이즈와는 달리, 그 지역만의 독특한 특색과 매력을 지니고 있어, 방문객들에게 새로운 경험과 만족감을 제공한다.

　그렇다면 자생적 로컬 상권이란 과연 무엇인가?

　자생적이란 말은 지역 자원과 환경을 기반으로 스스로 유지되고 발전하는 특성을 가리킨다. 이것은 생물학적인 관점에서도 적용될 수 있으며, 생태계나 생물종이 지역의 조건에 적응하고 번성하는 것을 의미한다. 또한 경제, 문화, 사회 분야에서도 사용되며, 지역 자원과 특성을 활용하여 지역 경제를 활성화하고 지역 사회의 독자성을 강조하는 것을 의미한다.

　자생적 로컬 상권은 이러한 개념을 상권 형성에 적용한 것이다. 지역 자원과 특색을 기반으로 차별화된 상권을 형성하고 유지하는 것을 자생적 로컬 상권이라 한다. 자생적 로컬 상권은 지역의 독특한 매력과 창의성을 강조하며, 지역 주민들과 소비자들이 지역을 사랑하고 지지할 수 있도록 한다.

2. 로컬 상권의 사이클

　로컬 상권은 시작과 성장 쇠퇴를 거치는 사이클이 존재한다. 기존 로컬상권은 대형 프랜차이즈의 진출과 경제적 어려움, 그리고 도시 개발 등으로 인해 사라지기도 하며, 이와 반대로 전혀 예상치 못한 곳에서 새롭게 시작하는 로컬 상권도 있다.

가. 전통적 로컬 상권 지역의 형성 요인

우선 서울 신촌 지역을 사례로 로컬 형성 요인을 분석해보고자 한다.

1) 대학가 위치
신촌은 연세대학교, 이화여자대학교, 서강대학교 등의 대학가로 인해 학생들과 교직원들에게 필요한 다양한 상점과 음식점들이 형성되었다. 이러한 대학가는 지역의 유동인구를 늘리고, 다양한 소비 패턴을 만들어냈다.

2) 로컬 콘텐츠 크리에이터
신촌은 로컬 콘텐츠 크리에이터들이 활발하게 활동하며 다양한 상점과 카페를 운영하였다. 이들 크리에이터들은 각자의 전문성을 살린 사업을 모태로 매력적인 상업공간을 만들어 자영업을 운영하였다.

3) 유동인구
신촌은 유동인구가 많은 상권으로 외부에서 유입되는 수요가 많았다. 이러한 유동인구는 상권의 활성화를 촉진하였다.

4) IMF 이후 상권 변화

IMF 이후 상권의 주 업종이 고급 브랜드 위주의 매장에서 저가의 화장품, 잡화 등의 대형 쇼핑몰로 변화하였다. 이러한 변화는 신촌 상권의 다양성을 더욱 강조하였다.

위와 같은 요인들은 신촌이 오늘날의 활기찬 상권으로 발전하는 데 결정적인 역할을 하였지만, 로컬 상권의 시작점은 대학가라는 특성 때문이라고 생각한다.

신촌과 달리 서울 삼청동의 상권은 2000년대 초반부터 한옥이라는 역사를 매개 삼아 성장하였다. 전통적인 한옥을 현대적인 스타일로 개조한 7~10평 정도의 1층 상가에 다양한 카페, 레스토랑, 액세서리 매장들이 입점하면서 관광 명소로 인기를 얻게 되었다.

이처럼 각 지역의 특색에 맞게 서울 초기 로컬 상권들이 형성되었다.

나. 2020년 이후 형성되는 로컬 상권 요인

새롭게 생기는 로컬 상권은 그 지역의 새로운 에너지와 가능성을 보여준다. 이러한 상권은 창의적인 아이디어와 혁신적인 사업 모델을 통해 탄생하며, 그 과정에서 지역 사회의 다양성과 활력을 더욱 강조한다. 또한 지역의 문화와 역사를 존중하면서도, 새로운 가치와 경험을 제공함으로써 지역 사회에 새로운 생명력을 불어넣는다.

한편, 신생 로컬 상권들은 종종 지역 주민들과 방문객들 사이의 상호작용을 촉진하며, 이를 통해 지역 사회의 연대감과 소속감을 더욱 강화한다. 따라서, 새롭게 생기는 로컬 상권은 그 자체로서 중요한 가치를 지니며, 이를 통해 우리는 지역 사회의 미래에 대한 희망과 가능성을 볼 수 있다.

3. 로컬 상권 형성의 최근 동향

가. 프로젝트형 로컬 상권

인천의 '개항로 프로젝트'는 대표적인 민간주도로 형성된 프로젝트형 로컬 상권이다. 이 프로젝트는 인천 출신의 혁신 창업가가 창업가 20여명, 30년 이상된 노포 60여곳, 지역혁신가 등과 함께 쇠락한 상권을 지역 콘텐츠와 연계한 민간주도 로컬브랜드 상권으로 성장시킨 대표적 사례다.[1] 이 프로젝트는 지역의 역사와 문화를 존중하면서도 창의적인 아이디어와 혁신적인 사업 모델을 통해 새로운 가치를 창출하고 있다. 이처럼, '개항로 프로젝트'는 자생적 로컬상권이 어떻게 지역 사회를 변화시키고, 지역 경제를 활성화시키며, 지역의 독특한 문화와 역사를 보존하고 강조하는지를 보여주는 훌륭한 사례다.

개항로 프로젝트의 구체적인 방법은 아래와 같다.

1) 로컬 콘텐츠 크리에이터의 활용[2]
　이 프로젝트는 16인의 크루가 느슨하게 묶여 움직이는 로컬 콘텐츠 크리

1　https://www.koit.co.kr/news/articleView.html?idxno=103118
2　https://blog.naver.com/businessinsight/222827796756

에이터로 구성되어 있으며, 이들은 각자의 전문성을 살린 사업을 모태로 매력적인 상업공간을 만들어 자영업을 운영하였다.

2) 지역의 특성과 역사를 살린 공간 개발

이 프로젝트는 기존의 건물을 보존하면서도, 그 공간에 새로운 콘텐츠를 입혀 지역의 특성과 역사를 살린 공간을 만들었다. 예를 들어, 일광전구 라이트하우스나 브라운 핸즈 개항로 같은 공간은 다른 도시에서도 볼 수 있지만, 이들 공간은 개항로의 역사와 문화를 반영하고 있다.[3]

3) 노포와의 협업:

개항로 프로젝트는 노포를 중요한 파트너로 삼아 지역의 특성을 살린 상권을 만들었다. 이들 노포는 40년 이상 된 곳이며, 이들과의 협업을 통해 지역의 독특한 분위기와 콘텐츠를 만들어냈다.

4) SNS를 통한 홍보

SNS를 통해 개항로의 노포를 알리고, 사람들이 개항로를 여러 번 방문할 만한 이유를 만들었다. 이로 인해 사람들이 이 지역의 노포를 찾아가기 시작하였고, 이는 상권의 활성화에 크게 기여하였다.

이처럼 '개항로 프로젝트'는 지역 콘텐츠와 연계하여 상권을 성장시키는 데 큰 역할을 하였다. 이 프로젝트는 지역의 특성과 역사를 살린 콘텐츠를 만들어냈다.

---

3   https://www.iknowhere.co.kr/magazine/31526

나. 정부 지원형 로컬 상권

1) 로컬 크리에이터 지원사업

중소벤처기업부는 지역경제 활성화를 위해 '로컬 크리에이터'를 양성하고 있다. 로컬크리에이터란 지역의 자연환경, 문화적 자산 등 지역 고유의 특성과 자원을 기반으로 혁신적인 아이디어를 접목해 사업적 가치를 창출하는 창업가를 말한다. 이들은 최대 1억원의 사업화 자금과 민간자금유치를 통한 최대 5억원의 정책자금도 지원받을 수 있다.

2) 로컬브랜드 상권육성사업

서울특별시 서울신용보증재단은 각 상권의 특·장점을 살린 활성화 정책을 펼치고 있다. 중구 '장충단길', 마포구 '합마르뜨', 영등포구 '선유로운', 구로구 '오류버들', 서초구 '양재천길' 등 총 5곳의 상권을 선정해 '로컬브랜드 상권육성사업'을 추진하였다.

3) 지역 기반 로컬 크리에이터 활성화 지원사업

중기부는 지역 청년의 창업 기회를 확대하고 지역경제를 활성화하기 위해 '지역 기반 로컬 크리에이터 활성화 지원사업'을 신설하였다. 이 사업을 통해 지역 가치 창업가를 발굴·육성하고 있다.

다. 자생적 로컬 상권

서울의 '익선동'은 자생적 로컬 상권의 대표적인 사례로 꼽힌다. 익선동은 한옥과 골목길이 어우러진 전통적인 분위기와 현대적인 카페와 상점들이 조화를 이루는 독특한 매력을 지니고 있다. 이곳은 지역의 역사와 문화를 존중하면서도 창의적인 아이디어와 혁신적인 사업 모델을 통해 새로운 가치를 창출하고 있다.

익선동은 한옥이 즐비한 지역 자원과 특색을 기반으로 차별화된 상권을 형성하며, 자생적 로컬 상권으로서 주민들에게는 지역에 대한 자부심을, 방문객들에게 색다른 재미를 선보이고 있다.

제2장 은평구의 로컬 상권

1. 은평구를 대상지로 삼은 이유

은평구는 면적 기준으로 가로 2.3 km, 세로 8.9 km의 직사각형 모양을 가진 닫힌 도시다. 이 지역은 주변이 산림으로 둘러싸여 있어 자연환경을 기반으로 고유한 지역 문화가 발생하기 쉽고, 지역주민 커뮤니티가 활성화되어 협력과 공동체 의식을 형성하기 좋은 여건을 갖고 있다. 은평구의 상권은 지역 밀착형 상권으로 평일과 주말의 유동 인구 차이가 크지 않다. 이러한 특성으로 인해 은평구는 서울특별시 25개 자치구 중 로컬 상권을 분석하기에 가장 적합한 지역이라고 생각한다.

2. 은평구 상권의 특징은?

은평구는 다양한 상권이 공존하는 서울특별시 서북부 자치구다.
주요 상권 지역은 다음과 같다.

가. 대로변 상권

불광역과 연신내역 주변은 대로변 상권으로, 은평구의 대표 상권이다. 특히, 연신내역 인근에는 다양한 카페와 음식점이 밀집해 있는 상권이 형성되어 은평구 최대 상권으로 자리 잡았다. 이 지역은 1980년대 후반에 지하철 3호선이 개통되면서 상권 발전이 가속화되었다. 특히 1990년대로 접어들면서 의류 전문 상설 매장이 급증하고 6호선 개통으로 상권 응집력은 더욱 커졌다.

연신내 상권은 의류 매장이 많이 형성되어 있지만, 먹자골목의 주점, 식당 등이 강세다. 주변에는 중·고등학교와 대학교도 인접해 있어 10~40대의 인구

가 비교적 고른 분포를 보여주고 있다.[4]

북한산을 이용하는 등산객과 불광시장 먹자골목으로 유명한 불광역 주변 상권도 은평구의 기존 대로변 상권에 해당한다. 그 외 구산역, 응암역, 역촌역도 주요 도로변에 위치한 상권이 존재한다.

나. 골목 상권

골목 상권은 대로변 상권에서 떨어진 곳에 위치한 상권이다. 은평구 응암시장과 연서시장은 서울의 대표적인 전통시장으로, 칼국수 골목, 곱창 골목 등이 특히 인기가 있으며, 젊은 층의 관심을 받으며 활성화되고 있다.

다. 불광천 주변 상권

불광천 주변은 세절역과 증산역을 포함하는 역세권 대로변 상권이자 수변 감성도시로서 최근 로컬 상권이 발달하고 있다. 불광천 상권은 기존 상권과 비교했을 때 아래와 같은 특징을 가지고 있다.

1) 생태하천: 불광천은 생태하천으로 복원되어 자연 친화적인 환경을 제공한다. 이는 주민들과 방문객들에게 휴식과 여가를 즐길 수 있는 공공 공간으로서의 역할을 한다.

2) 문화예술의 거리: '불광천 별빛거리'와 같은 문화 프로젝트를 통해 지

---

4 http://m.bizhankook.com/bk/article/1201

역 상권에 활력을 불어넣고 있으며, 문화와 예술이 어우러진 상권으로 거듭나고 있다.

3) 교통 접근성

불광천 주변은 여러 대중교통 수단과 연결되어 있어 접근성이 좋다. 이는 상권에 유동인구를 늘리는 데 기여한다.

4) 자치구 차원에서의 상권 활성화 노력

은평구는 불광천변 주변 상권과 연계하여 지역 상권 활성화 행사를 진행하고 있다. 2023년 서울특별시 지역 상권 활성화 지원사업 공모에 선정되어 7천 5백만 원의 사업비를 확보했다.

3. 은평구 로컬 상권은 왜 확대되고 있을까?

연신내역과 불광역 주변은 교통을 중심으로 형성된 전통적 로컬 상권이다, 이와 달리 불광천 주변 상권은 도시 계획으로 정비된 정부 지원형 로컬 상권으로 보인다. 지역 상권 활성화 지원사업 공모와 로컬 크리에이터 사업 등 지자체의 상권 형성 노력이 있지만, 불광천이라는 생태하천을 중심으로 은평구라는 지역 특색을 가진 로컬상권이 자생적으로 확대되고 있다. 왜 은평구 로컬 소상공인들이 여기에 모이는지 그들의 목소리를 직접 들어보았다.

제3장 은평구 로컬 소상공인 인터뷰 프로젝트

본 프로젝트는 은평구에 거주 중인 필자[5]의 호기심으로부터 시작되었다. 은평구라는 공간이 갖고 있는 물리적, 사회적 특징을 체화하면서 살았던 나로서는 새롭게 생겨나는 공간들에 대한 의구심이 들었다. 흔히 '핫플레이스'에 있을 듯한 상점들이 이 작은 골목, 노후화된 건물 사이에 속속들이 자리잡고 있었기 때문이다. 단순한 프랜차이즈가 아닌 고유한 가치를 전달하고자 하는 특색있는 공간들이 보이기 시작했다.

어쩌면 그들의 작은 움직임이 곧 은평구의 새로운 모습이자 하나의 발걸음은 아닐까라는 작은 희망 한 스푼과 그들의 이야기에 대한 궁금증으로 직접 인터뷰를 하였고, 지역신문 '은평시민신문'[6]과 '저널서울'[7] 온라인 매체에 기고하고 있다.

해당 인터뷰 자료를 기반으로 은평구 소상공인의 사례 분석을 진행하고자 한다. 대상은 은평구 내 프랜차이즈를 제외한 3-40대의 청년층 소상공인이다. 고유한 아이템을 갖고 있거나 자신만의 이야기가 명확한 공간들을 중심으로 크게 상점과 아이템, 지역, 개인을 주제로 인터뷰를 진행하였다.

인터뷰를 통해 소상공인들이 갖고 있는 일련의 공통적인 인식과 생각을 확인할 수 있었다. 이는 곧 소상공인이 바라보는 은평구에 대한 생각이자, 은평구라는 공간에 군집한 소상공인의 특성으로 눈여겨 볼 수 있다. 인터뷰 내용들을 바탕으로 두드러지는 특징에 대해 설명한 후, 일부 인터뷰 원문을 실었으며 이외의 상점들의 인터뷰는 위 매체들을 통해 추가적으로 확인할 수 있다.

---

5 류혜림

6 https://www.epnews.net/

7 https://www.journalseoul.com/

1. 소상공인 유입요인

가. 내가 살던 동네, 내가 새롭게 시작하는 동네

소상공인이 은평구에 자리 잡는 과정에 있어 크게 세 가지 유형으로 나누어 볼 수 있다.

첫 번째는 어렸을 때부터 살았던 나의 동네에 그대로 정착하는 경우가 있다. 자신이 살고 있는 지역을 기반으로 지속적인 생활 및 익숙함을 바탕으로 공간에 정착한다. 찻집 웅차는 '당연하게 은평구에서 나고 자란 사람이기에 본능적으로 이곳에 차려야겠다고 생각했다. 가끔 왜 은평구에 차렸냐는 질문을 받을 때가 있는데 은평구에 왜 차리면 안 되는 건가 싶더라. 소중하고 특별할수록 더욱더 우리 동네에 있어야 하지 않나? 다 넓은 공간이나 유명한 번화가로 가면 은평구는 누가 지키나?(웃음) 은평구도 은평구만의 특색이 있다고 생각한다. 나는 내 공간이 은평구에 하나의 특색을 더하고 본연의 매력을 가지고 있는 공간으로서 함께 했으면 한다.'며 공간의 당위성에 대해 지역 기반으로 설명한다.

터프팅 공방 터틀웍스스튜디오도 '터틀웍스를 만들어내기까지의 과정에는 항상 은평구, 특히 불광천이 있었던 것 같아요. 산책로를 걸어 다니면서 터틀웍스에 대한 고민과 설렘, 작업에 대한 구상 등을 했거든요. 은평구 구석구석의 터틀웍스의 조각들이 있는 거죠. 그렇다보니 어딘가로 나가야겠다는 생각보다는 여기에 있는 게 당연하다고 생각했어요.'라며 지역에서의 시작의 당연함을 이야기한다. 내가 정주하는 공간에 대한 익숙함과 안정감을 바탕으로 지역에서의 기반을 다지기 위한 스텝이 자연스럽게 진행된다.

두 번째는 외지인에서 동네 사람이 되어 가는 과정에서 자리를 잡는 경우도 있다. 다른 지역에서 이곳으로 새로이 정착하게 되었고, 그 과정에서 주거지와 인접한 공간에 자리 잡는 것이다. 카페 새시로는 고향에서 서울로 이주하는 과정에서 은평구에 정착하였고, 카페 창업 당시 거주지 주변으로 공간을 꾸리게 된 것이다. 그에게는 이제 이 곳은 새로운 제 2의 고향이자 나의 삶을 함께 하고 있는 공간이 되는 것이다.

세 번째는 공간을 창업하면서 거주지도 은평구로 이사해오는 경우다. 이 경우에는 홍대와 가까운 공간인 지리적 위치를 점하고, 저렴한 임대료를 기반으로 들어와 이후 실질적인 거주지를 옮겨 생활까지 하는 경우를 관찰할 수 있다. 술집 우주는 '인생의 대부분을 합정과 망원에서 살면서 젊은 시절 홍대 권역에서 노는 것이 당연했습니다. 상가도 자연스럽게 홍대 상권에서 찾고 있었고요. 그러던 도중 우연한 기회로 증산역을 방문하게 되었어요. 이렇게 가까운 지역에 도심 하천이 흐르고 저 멀리 산이 보이는 자연환경이 있다니 너무 좋더라고요. 그날 그 길로 상가를 찾아다니다 이 공간을 만났습니다.' 임대료뿐만 아니라 새로이 만나게 되는 사람들과 자연 환경에 대한 만족도를 보이며 동네 생활을 하고 있다.

바 엔젤리즘은 홍대에서 함께 즐기던 활동하던 친구들이 젠트리피케이션으로 점점 수색~북가좌 인근으로 이사를 오며 자연스럽게 은평에서 새로운 공간을 열게 되었다고 이야기하며, 홍대 인근의 은평과 서대문이 홍대에서 활동하던 사람들에게 새로운 거처이자 신대륙같은 존재라고 이야기한다. 심야식당 아오바 또한 새로이 사업을 시작할 곳을 찾다 저렴한 임대료의 공간을 찾아 갈현동에 정착하였고, 현재 거주지도 은평구로 옮겨 은평구에서 삶을 지속하고 있다.

나. 사람 냄새 나는, 시골같은 서울

소상공인들이 하나같이 입 모아 말하는 부분이 있다. 동네 생활에 대한 만족도가 높다는 것이다. 특히 시골같은 서울, 사람 냄새 나는 동네이라는 표현을 자주 접한다. 차갑지 않고, 옛날 느낌을 갖고 있다는 말을 덧붙인다.

'정겨움'을 갖고 있다는 표현을 자주 접하게 된다. 하나같이 정에 대한 이야기를 한다. 우리가 어떤 공간을 영위함에 있어 공간의 분위기를 형성하는 것에는 많은 요소가 존재하지만, 정이라는 요소는 사람으로부터 오는 것이 아닐까. 사람과 사람이 만나고 교류함으로써 갖게 되는 감정을 꾸준히 영위하며 공간에 대한 애정을 키워나간다.

카페 새시로는 '외로움은 오히려 못 느꼈던 것 같아요. 어르신들도 오셔서 도란도란 대화도 나누고 정을 나눠주세요. ... 확실히 어딘가 모르게 정감 가는 동네에요.'라며 지역 어르신과 외지인과의 감정 교류를 통한 지역에 대한 감정적인 인식을 갖는다. 세라믹 공방 로쇼어는 '은평구는 매일 시끌벅적해요. 원주민이 많아 이웃 간에 가족같이 지내고 다투는 소리도 아주 빈번하게 들리죠.(웃음) 저는 이 모든 것들이 정답고 재미있어요.'라고 표현하며 동네에서 일어나는 크고 작은 사람들의 교류에 즐거움을 갖는다.

지역에 오랫동안 함께 했던 소상공인들 또한 동일한 감정을 갖고 있다.

양조장 온지술도가는 '은평에서 산 지 16년이 넘어가고 있는 주민으로서 은평은 나에겐 제2의 고향과 같은 곳이다. 은평구가 가진 매력을 좋아한다. 양조장을 만들 때 다시금 은평구로 온 것도 같은 맥락이다. 아파트보다는 기존 주택가가 많아 사람 사는 곳 같기도 하고 아이들이 함께 뛰노는 골목 있는 정겨운 문화가 좋다.'고 표현하며 지역의 물리적 요소를 통해 형성되는 지역의 분위기를 정답다고 이야기한다.

복합문화공간 다용도실은 지역에 대해 "정겨움'이자 '사랑이 많은'으로 표현할 수 있을 것 같아요. 사실 모르는 사람을 좋아하기 쉽지 않잖아요. 하지만 우리 동네에 있다 보면 서로 서로 사랑과 보살핌을 주고받고 있는 느낌을 많이 받는다'고 하며, 보살핌과 사랑을 나누는 지역으로 인식한다.

바 엔젤리즘 또한 '서울시골'인 것 같다는 생각하며 서울의 개인적이고 도회적인 느낌과 시골스러운 인간성과 관계성을 만날 수 있다고 전했다. 도시의 개인성과 시골의 관계성이 느슨하게 공존하는 삶의 방식이 이곳에서는 가능하지 않을까?라는 기대 또한 함께 내비쳤다. 다들 비슷한 감정을 갖고 지역을 바라본다는 것은 지역이 갖고 있는 고유한 특성이 아닐까. 다정함, 오래된 따뜻함과 같은 것들 말이다. 그리고 그 따뜻함이 소상공인들에게 작은 힘이 되고 희망이 되며 지역에서 함께 하는 힘이 될 것이다.

다. 천이 있고 산이 보이는 자연과 도시, 그 어딘가

은평구는 북한산 자락에 위치하여 북한산을 비롯한 산자락 일부와 불광천을 보유하고 있다. 상대적으로 빌딩숲보다는 진짜 숲이 지리적으로 가까이 위치하고 있으며, 응암역에서부터 흐르는 불광천은 인근 주민들에게 익숙한 산책로이자, 봄이 되면 벚꽃을 향유하는 여가의 공간으로 활용된다.

소상공인들은 이렇게 형성되는 동네의 자연환경에 대한 만족도를 표현한다. 지도스튜디오 매드맵과의 대화에서 '그럼에도 불광천은 큰 가능성을 갖고 있다고 생각해요. 이렇게 천과 상권, 지하철역이 가까운 곳이 없거든요. 사람들의 생활권이 천을 중심으로 이루어져 있는 거죠. 주택가여서 생태계나 문화가 만들어질 정도의 조성은 어려울 수 있지만 구심점이 생기고 다양한 소상공인들이 모일 수 있다면 그를 중심으로 분지 효과 같은 현상이 일어날 수 있다고 생각해요.' 라며 불광천이 가지고 있는 지리적 집약성과 가능성에 대해 이야기한다. 물리적 조건이 거리 형성의 도움을 주고, 사람들이 응집될 수 있는 요인이 된다는 것이다.

2. 소상공인들의 지역에서의 교류

가. 사람과 사람간의 다양한 교류

은평구라는 공간이 지리적으로 골목상권을 형성하기엔 소상공인들이 각기 다른 동에 위치하는 만큼 교류가 쉽사리 형성되기는 어려운 환경이다. 그럼에도 소상공인들은 소상공인간의 교류나 지역 주민들과의 교류를 추구하는 모습을 보인다.

찻집 웅차는 '동네 주민 분과 함께 우리 동네에서 활동을 한다는 것 자체가 새로운 의미로 다가오면서 지역 내 공동체 또는 함께 활동을 하는 것에 관심을 가지게 되었다.'고 밝히며 지역 내 공동체에 대한 고민을 이야기하고 카페 흔적은 지역의 새롭게 이주한 타지인을 대상으로 그들에게 동네에 대한 애정과 교류를 할 수 있도록 모임을 기획하며 동네 기반을 추구한다. 카페 새시로 또한 본인이 타지에서 정착한 이주민으로서 동네에 이주한 타지인들과의 교류를 통해 지역의 애정과 안정감을 갖는다고 이야기한다.

복합문화공간 다용도실은 #이웃사촌만들기프로젝트라는 해시태그를 바탕으로 동네 상인들과 플리마켓을 열기도 하고 가벼운 취향모임이나 인디 가수들을 초대하여 동네 주민들이 즐길 수 있는 공연을 열고 있다. 그녀는 실제로 방문객간의 친분이 쌓이는 모습을 보며 뿌듯함과 동시에 지속적으로 동네 기반을 추구하게 된다고 말한다.

서울식 주점 정서울에서도 다양한 팝업을 열어 사람들이 자연스럽게 지역을 방문하게 되고 문화를 즐길 수 있도록 하는 마음으로 운영한다. 직접적으로 놀 거리를 제공하고 사람들이 교류를 할 수 있는 공간을 형성함으로서 지역 내 공동체 및 네트워킹을 촉구할 뿐만 아니라, 그를 통해 동네 살이에 대한 하나의 즐거움과 따뜻함을 나누고자 하는 마음이 있다.

나. 소상공인간 교류와 연대 ; 함께 잘 사는 동네가 되길

소비자, 주민과의 교류뿐만 아니라 소상공인 간의 교류와 연대 또한 찾아볼 수 있었다.

비건디저트 카페 DOTD는 '지역의 행사가 많이 형성되어 은평구가 조금 더 젊어지고 서로 소통하며 살아갔으면 좋겠다, 매력을 느낀 분들이 오래오래 함께 했으면 좋겠다고 이야기'하며 실제로 상점들이 자신이 운영하는 공간과 상권에 대해 함께 발전하고 같이 나아가야 한다는 연대 의식이 강하다. 자신의 가게뿐만 아니라 동네에 있는 다양한 상점들이 함께 노력하여 지역을 알리고 같이 살아가야한다는 생각을 갖고 있을 뿐만 아니라, 동네가 다 잘되어야 나도 좋고 더 나아가 많은 사람들이 더 쉽게 만나고 맛있는 걸 먹고 즐겁게 살 수 있다는 것이다.

술집 우주는 인근에 있는 바 엔젤리즘을 비롯한 지역 상점들과 협업하여 불광천 벚꽃 시즌에 맞춰 '빛'축제를 열었고, 복합문화공간 다용도실 또한 은평구의 소상공인들과 플리마켓을 여는 등 지역 기반의 소상공인들과 교류하고 함께 활동하는 모습을 보이는 등 소상공인들은 서로를 인식하고 서로에 대한 관심과 응원, 그리고 함께 잘되기를 소망하는 작은 연대 의식을 갖는다. 찻집 웅차는 '은평구 안에도 정말 다양한 분야의 젊은 청년 사장님들이 많다. 나뿐만 아니라 각자의 특색으로 은평구의 색을 더하고 있다고 생각되는데 이런 사장님들 또는 이런 공간을 함께 향유하는 손님들과의 교류를 통해 좋은 자극을 받으면 어떨까 싶었다.' 라는 교류에 대한 방향성과 소망을 이야기한다.

내 공간에 대한 생각이 아니라 모두가 함께 살아갔으면 하는 공동선에 대한 의지가 있으며 이를 기반으로 다양한 행사와 협업을 추구한다. 또한 지역에 더 많은 소상공인들이 함께 하여 거리가 형성되고, 방문하는 손님들의 더 다양한 니즈를 만족할 수 있는 좋은 공간들이 더 생기기를 추구한다.

카페, 음식점을 비롯한 소상공인들이 많이 들어섬에 따라 각 개개의 가게를 들르러 온 손님들이 온 김에 무엇인가를 할 수 있는 동네로서 움직이길 바라는 마음, 그를 통해 지역의 하나의 커다란 상권으로 움직이길 바라는 마음이 담겨있다.

3. 지역에서의 확장과 지속가능성

가. 은평구만의 고유한 문화를

인터뷰를 하다보면 소상공인들이 단순 행사와 이벤트를 벗어나 하나의 문화를 만들어 가고자 하는 움직임이 보인다. 문화를 만들고 그 안에서 교류를 하며 지역만의 고유한 색을 만들어간다.

복합문화공간 이피플라츠는 소주와 맥주 중심의 술 문화에서 다양한 술을 만날 수 있는 은평구가 되길 바라는 마음을 담아 바틀샵도 함께 운영한다. 동네에서 편하게 와인부터, 막걸리, 증류주까지 다양한 술을 만나길 바라는 마음이다. 또한 바틀샵을 기반으로 다양한 손님들과 네트워킹의 경험이 은평구에서 새로운 확장을 꿈꾸게 했고, 지금은 복합문화공간으로 카페, 다이닝 바까지 함께 운영하고 있다. 그들은 한남동이 결국 로컬 중심의 이웃문화로부터 시작된 것처럼 은평구에서도 그 가능성을 발견하고, 지역 사람들과 로컬 라이프스타일을 만들어가고자 하는 희망을 품고 있다.

양조장 온지술도가 또한 동네에서 다양한 양조장을 기반으로 한 주막 문화의 가능성에 대해 이야기한다. 양조산업의 특징을 기반으로 주막 문화를 실현할 수 있는 좋은 터가 될 수 있다는 가능성을 논하며, 다양한 지원을 통해 양조산업이 활성화되기를 희망하고 있다.

술집 우주는 행사를 통해 다양한 연대를 꿈꾼다. 운영하며 만난 주변의 가게들과 함께 협업하고 또 다양한 네트워킹을 하며 동네 생활의 즐거움을 이야기한다. 행사 또한 도시 생활에서 개개인으로 살아가는 것보다 함께 살아가는 것의 중요성을 이야기하며, 연대하며 함께 살아가는 실천 중 하나로 이것이 곧 생존 전략이라 설명한다. 그 행동의 재미와 의미, 그리고 함께 하는 즐거움이 있으면 더 좋다는 것이다. 꾸준히 마음 맞는 사람들과 연대하며 공간을 필요로 하거나, 운영하는 사람 모두 함께하며 채워가는 즐거움을 추구한다.

나. 우리 지역의 대표 상점이 되길

상점들은 자신의 공간이 이 지역으로 사람들을 불러일으키는 요인이자 지역의 대표적인 공간으로서 자리매김하는 것을 소망한다.

비건디저트카페 DOTD는 '은평구 빵집하면 다들 연남동이나, 홍대로 가라고만 할 뿐, 은평구와 관련된 이야기들을 찾기가 힘들더라고요. 저희가 은평구의 맛있는 빵집이 되어 한 자락의 도움이 되었으면 좋겠어요.' 라며 홍대 상권의 대체제가 아닌 하나의 고유한 곳으로서 작용하기를 희망한다. 이 뿐만 아니라 우리 공간을 통해 은평구에 사람들이 오실 수 있도록 하는 의지와 희망을 갖고 있다.

카페 새시로 또한 역촌동에서 1호점을 오픈한 뒤, 도심 상권으로의 확장이 아닌 은평구 내 연신내로 2호점을 열면서, 지역 상권 활성화에 대한 기대와 목표를 가지고 있다. 이런 이들의 인식을 통해 지역에 대한 인식과 함께 자신이 만들어가고 있는 가치와 상품에 대한 자부심을 엿볼 수 있다.

다. 주거 지역의 한계

하지만 지역이 산업지역보다 주거지역 중심으로 형성되어있어 상점의 특색을 알아보고 그것을 부응하는 수요의 한계가 작용한다. 상품의 특성상 일정 금액 이하로 판매가 어려우나, 지역 상권 특성상 소비층의 소비 금액과 상응하지 않는 경우가 발생하는 것이다.

가령 서울식 주점으로 무국적 음식을 판매하는 서울식주점 정서울은 특이한 메뉴, 그리고 다양한 주류로 그에 상응하는 가격이 책정되다보니 지역 상권 대비 비싸다는 인식을 피할 수 없었고, 그에 따라 지역에서 지속함에 어려움을 느낀다고 대답했다.

복합문화공간 이피플라츠 또한 익숙하지 않고 이질적인 공간의 특성과 다양한 주류들로 지역 주민에게 받아들여지는데 어려움이 있으며, 수요가 따라오는데 한계가 있다고 이야기한다. 번화가에서 특색있는 공간으로 가끔 마주하며 소비를 일으키는 공간이 일상생활을 영위하는 지역에 있음으로서 겪게 되는 어려움이라고 예상할 수 있다.

덩달아 특색있는 상점들이 집약되어 분포되어있기 보다는 지역 내 넓게 산발적으로 분포되어있어 소비자가 지역을 향유하고 이동하며 즐기는 데에 한계가 있다. 또한 그들이 모이고 교류할 수 있는 공간의 부재도 한 몫 한다.

지도스튜디오 매드맵은 은평구에 대해 '특성을 가진 개인이 들어오는 것도 중요하지만 로컬 아이덴티티를 만들려면 개개인이 모이는 생태계와 행정적인 지원 등을 통한 인프라가 같이 움직여야하는데, 은평의 경우 각자가 자신의 활동을 하면서 네트워크를 형성할 수 있는 구심점이 없는 것 같다'고 이야기 한다.

라. 지속성을 위한 인프라 및 지원의 필요성

지역의 지속적인 발전을 위한 한계도 존재한다. 기존 지역상권이 아닌 특색 있는 아이템 및 테마에 맞춘 지속적인 지원이 필요한 상황이다. 지역의 특색이 있는 아이템이 들어와도 그 아이템을 뒷받침하고 지속할 수 있는 힘을 갖기 위해서는 부족한 수요를 버틸 수 있도록 하는 힘이 필요하다.

복합문화공간 이피플라츠는 '가령 오랫동안 이 곳에서 양조장을 하시며 술을 연구해 온 온지술도가 장인 김만중 선생님과 같은 우리 지역만이 가질 수 있는 가치가 있어요. 그 가치를 지키고 지원하는 제도가 많이 마련되었으면 하는 바람이다'라며 지역 고유의 아이템을 지킬 방법을 고민했다.

지도스튜디오 매드맵은 모임을 위한 모임보다는 서로 도움이 되고 같이 할 수 있는 프로젝트 등을 하면서 느슨한 연대가 이루어지길 바란다며, 모임을 갖기 어려운 점이 있지만 다양한 방면으로 교류가 일어나면서 서로 연결되었으면 좋겠다고 전한다.

4. 은평구에서 자신만의 이야기를 만들어가는 소상공인들

가. 천천히 나만의 속도를 즐기는 공간, 응암 터프팅스튜디오 터틀웍스

터틀웍스스튜디오 ©저널서울 정민구

우리는 가끔 내가 하는 일이 '어떻게 되어 가는가'의 과정보다 '끝냈는가 아닌가'의 결과에 맞춘 채 살아가곤 한다. 마치 내 모든 순간들은 그 골인지점을 위해 달려가고, 맞춰가는 것처럼. 하지만 행위의 즐거움은 이루 말할 수 없으며, 잃어버리기 전에 찾아야하는 본연의 행위이다. 터틀웍스는 응암역과 새절역 사이, 작은 공간에 마련된 터프팅 스튜디오다. 2021년에 새롭게 런칭하여 작가 개인의 작업실 겸 1:1 클래스 등을 진행하고 있다. 터틀웍스는 그 만드는 행위 자체의 포커싱을 맞추길 바라는 마음을 담아 운영한다. 제한된 시간에서 벗어나 마치 거북이처럼 천천히 가도 좋으니 나만의 속도에 집중하길 바라는 마음. 그것만으로도 이미 그 작품의 역할과 의미는 충분하니 말이다. 귀여운 거북이가 반기는 터프팅 스튜디오, 그리고 그 거북이가 온전히 집중할 수 있도록 만들어진 공간에서 주인장 김지은을 만났다.

빠른 결과보다는 느린 과정

Q. 터프팅 디자이너로 활동하기 전 다른 직업을 가지고 있었다고 들었어요.

시각 디자이너로 일했습니다. 회사를 다니던 시절, 매번 분명 최선을 다하고 있는데도 여전히 기한과 결과 여부에 대한 압박감이 조여왔어요. 퀄리티보다 시간, 과정보다 결과에 집중되는 일의 반복으로 성취감도 현저히 떨어지더라고요. 디자이너 일도 점차 회사의 입장에서는 기술로 대체될 수 있는 상황이 오면서 앞으로의 비전을 생각하면 내가 살아남을 수 있을까? 라는 미래에 대한 불확실성도 생겼어요. 결국 그 길로 퇴사를 결심하고 나왔습니다. 회사 생활보다 내가 갖고 있던 표현에 대한 열정과 본연의 모습에 집중할 수 있는 활동을 찾아다녔고, 그러던 도중에 터프팅을 만났습니다. 어느 샌가 보니 터틀웍스를 차린 뒤였네요.

Q. 터프팅이라는 분야가 낯설기도 한데요, 터프팅에 대해 설명해주실 수 있나요?

터프팅은 터프팅건을 이용해 천위에 실을 심는 직조 기법이에요. 총이라는 과격한 도구와 달리 섬세함과 몰입을 요구하는 작업이라는 것이 반전이랍니다. 총으로 하염없이 빨리 쏘는 것 같지만 사실 천천히 생각하고 공을 들여 쏴야해요. 작업물 또한 방향도, 모양도, 모든 것이 나의 손길에 따라 그 모습이 매우 다르게 나타나요. 조심스럽게 신경 쓰며 만들어야 내가 원하는 곳에 원하는 모양대로 담을 수 있는 거죠.

터프팅건을 이용한 과정이 끝나면 트리밍이라는 실을 다듬는 과정을 거쳐 최종 작업물이 되는데요. 트리밍은 더 신경 써서 다듬을수록, 더 열심히 들여다볼수록 높은 완성도와 유의미한 가치를 보여줘요. 한 번 더 신경 쓰는 만큼 퀄리티가 올라가는 거죠. 결국 막 달려 나가 결과를 만들어내는 것이 아니라 순간순간의 과정을 들여다보아야 하는 거예요. 과정의 온전한 행위가 가장 중요한 작업이고, 그게 가장 큰 매력인 것 같아요.

Q. 총을 사용해 실을 심는다니 색다른 방식이네요. 지은씨에게 터프팅은 남다른 존재일 것 같은데요, 어떤가요?

맞아요. 비유하자면 에베레스트처럼 높은 산 같고, 저는 그 산을 등정하고 싶어 하는 산악인 같다고 할까요? 실제 산악인들이 산을 정복하기 위해 갖가지 중무장을 하듯 저도 작업을 할 때 아대도 차고 마음의 준비도 하고 총을 경건하게 잡고 진행해요. 그럼에도 의도한 경우랑 다르다던가, 하다가 작업 자체가 망가지거나 하면 그 순간 무너지기도 하고 타협하기도 하죠. 마치 등산 할 때 깃발 꽂고 정복하기도 하고, 예상치 못한 상황에서 다음을 위해 2보 후퇴하고 내려오는 것처럼요. 가끔은 힘들다면서 거리를 두다가도 끊임없이 터프팅에 대한 생각으로 가득해요. 여전히 어렵고 모르는 것 투성이지만 그럼에도 최선을 다해서 정복하고 싶어요.

Q. 지은씨의 가슴을 뛰게 하는 존재군요. 터틀웍스라는 이름의 의미는 무엇인가요?

제가 이 길로 오게 된 계기에서 비롯되어 지향하는 바를 담은 이름이에요. 거북이가 느리더라도 천천히 꾸준히 나아가는 것처럼, 제 속도와 시간에 맞춰서 달려가는 작업실이 되기를 바라는 마음. 제 작품도 외부에 휘둘리지 않고 나만의 길로 차분하게 걸어가길 바라고요. 이 공간에 방문하는 사람들 또한 온 시간만큼은 절대로 시간에 쫓기지 않고 가볍게 놀러와 '내가 담아내고 싶은 것들을 담아내자'는 생각으로 온전히 집중하는 시간을 보냈으면 합니다. 그리고 무엇보다 거북이, 너무 귀엽지 않나요? (웃음)

평범한 소품을 넘어서

Q. 평소 큰 오브제보다 작은 오브제를 만드는데 관심이 많다고 들었어요. 어떤 이유인가요?

터프팅하면 러그나 거울처럼 크고 굵직한 아이템을 생각하게 되고 덩달아 높은 금액에 다가가기 어려워하시더라고요. 그것보다는 편하고 저렴한 가격에 접함과 동시에 일상의 주변에 두기 좋으면서 옆에 있으면 기분이 좋아질 만한 오브제들을 만들고 싶어요. 작고 소중한 털 뭉치들이랄까요?

최근에는 버려지는 빈병들을 세척해서 화병이나 의미 있는 오브제로 활용할 방법을 고민하고 있어요. 점차 확장해서 더욱더 다양한 업사이클링 소재와 터프팅을 접목한 작업을 하고 싶어요. 또 작업 이후 버려지는 실과 패브릭들을 활용해서 오브제를 만드는 분들도 있더라고요. 저도 그 흐름에 동참해서 좋은 예시들을 보여드리고 싶어요.

Q. 전시에 참여하셨던 것으로 알고 있는데요 어떤 전시였나요?

작년 연말에 터프팅 작가들과 함께 전시를 열었어요. 제 주제는 'Welldone, 2022!'였어요. 이번 해에도 열심히 달려온 사람들에게 보내는 메시지로 한 해의 마무리에 다른 누구보다 자신에게 칭찬과 사랑을 보내길 바라는 마음을 담아 만들었습니다. 칭찬의 의미로 걸스카우트가 생각나는 훈장과 배지, 메달로 표현하고 자신을 보고 기특해하길 바라며 반짝임을 표현한 '스파클스미러'를 함께 두었어요. 나를 잃지 않고, 비교하지 않고 나만의 템포를 만들었으면 좋겠다는 저희 작업실의 모토와 결을 같이합니다.

Q. 자신에게 칭찬과 사랑을 보내길 바라는 마음을 담고 나만의 템포를 만든다는 이야기가 의미 있게 다가오는데요.

저에겐 새로운 돌파구를 안겨준 전시였어요. 전시를 준비할 때 프레임에 따라 작업물의 크기에 제약을 받다 보니, 현실적으로 큰 작품을 하기 어려워 좌절하기도 하고 아쉬워하기도 했었는데요. 전시에서 다양한 작품과 작가들을 만나 이야기하면서 '아 왜 나는 남들이 하는 방법만 생각했지?' 싶더라고요. 내 욕구에 맞게 그걸 해내는 방법을 찾으면 되는 것 아닌가? 환경이 문제가 아니라, 내가 나만의 방법으로 새롭게 그 형태를 만들어내면 되지 않을까라는 생각의 전환이 일어났어요.

그렇게 '티끌 모아 태산'이라는 가제의 프로젝트를 생각 중이에요. 작은 조각들을 모아서 압도될 만큼 큰 작품을 만들고자 합니다. 작업실이 작고 아담할지라도, 이 공간에서도 태산처럼 큰 작품을 만들어내서 나의 좌절에게 해방감을 주고 싶어요. 그리고 어쩌면 그 해방감 자체가 나를 찾아가는 여정 중의 하나 아닐까요? 환경과 상황의 제약에도 불구하고 자신의 길을 천천히 나아가는 거북이처럼요.

여유를 찾는 공간, 좋아하는 것을 나누는 삶

Q. 은평구 내에 터프팅 가게는 유일한데요, 이 곳에 차린 계기가 있나요?

제가 은평구에 살기 시작하면서 터프팅을 만났어요. 그러다보니 터틀웍스를 만들어내기까지의 과정에는 항상 은평구, 특히 불광천이 있었던 것 같아요. 산책로를 걸어 다니면서 터틀웍스에 대한 고민과 설렘, 작업에 대한 구상 등을 했거든요. 은평구 구석구석의 터틀웍스의 조각들이 있는 거죠. 그렇다보니 어딘가로 나가야겠다는 생각보다는 여기에 있는 게 당연하다고 생각했어요.

Q. 다양한 경험을 하러 가는 주된 번화가보다는 수요가 적을 것 같아요. 은평구에서 작업하면서 어려움은 없나요?

사실 초기엔 위치도 안 좋고 작업실도 작다 보니 위축되기도 했어요. 하지만 이 곳에서 잘 해내는 게 먼저고, 잘 해낸다면 외부에선 더 잘해낼 수 있을 것 같아요. 먼 미래보다 현재에 집중해서 터틀웍스를 채워가는 과정이라고 받아들이고 해나가고 있습니다. 또한 점점 동네에 카페와 음식점을 비롯한 다양한 소상공인들이 많이 들어서고 있더라고요. 터틀웍스도 이 공간에 있으면서 같이 살아갈 수 있도록 함께 있고 싶은 마음이에요. 많은 사람들이 다양하게 동네를 즐길 수 있도록요.

Q. 터틀웍스는 어떤 공간이 되면 좋겠나요?

터틀웍스에서 내가 담고 싶은 것을 하염없이 담아내는 시간을 가져가셨으면 좋겠어요. 나에게 이 공간이 저에게 삶의 동기가 되고 나아갈 원동력이 되듯 누군가에게도 자신이 하나쯤 품고 온 용기나 그 무언가를 풀어내고 채워가길 바라요. 여유는 필수! 이런 마음들을 모아 작업하면서 나중에는 내가 좋아하는 것들을 사람들이랑 나누면서, 시간을 즐기는 삶을 살고 싶습니다. 다양한 사람들에게 예술이 어렵거나 하기 힘든 것이 아닌 누구나 할 수 있는, 편안하고 즐거운 것이라는 것을 알려드리고 싶어요. 돈을 아주 많이 번 다면 재단을 만들 수도 있지 않을까요? (웃음)

나. 자연스러움이 주는 다채로운 삶과 위로, 도자기 공방 '로쇼어 세라믹룸'

로쇼어 세라믹룸 ©저널서울 정민구

　도자기 공방 '로쇼어 세라믹룸'은 은평구 응암동 주택가 골목 이층집에 자리 잡고 있다. 이곳의 주인장 황수연 씨는 20대 시절을 스페인에서 보냈다. 이슬람 문화권의 영향을 받아 타일 산업이 발전한 스페인에서는 유적지는 물론이고 기차역, 가게 간판, 가정집 내부의 바닥에서까지도 다채로운 색감의 타일 장식을 쉽게 만날 수 있다. 그는 다채로운 색감을 만나며 많은 위안을 받았다고 한다. 취미삼아 여행하듯 골목골목을 걸으며 타일 아트 사진을 찍기 시작한 일은 이후 대학에서 도자기 예술 전공으로 이어졌다. 어쩌다 그녀는 그 먼 스페인에서 새로운 영감을 받고 이곳 은평구 응암동에서 그 꽃을 피우게 된 걸까? 로쇼어 공방에서 그녀를 만나보았다.

찍어 낸 반듯함 보다 자연스런 모습의 아름다움

Q. 정형화된 모양과 무늬보다는 자연스러운 모습을 지닌 도자기를 만드는데 집중하는 것 같은데요, 도자기를 만드는 기쁨은 어떤 일이지 궁금해요.

저는 획일화된 것에는 쉽게 질리는 성향인 것 같아요. 그래서 그런지 공장에서 찍어낸 듯한 반듯함보다는 자연스러운 모습에서 더 아름다움을 느껴요. 제가 주력하는 다양한 색감의 마블링 그릇은 직접 백색의 흙에 안료를 조합해서 만든 컬러 흙들을 사용하는데요. 굽기 전과 구운 후의 흙 색깔이 달라 가마를 열어보기 전까지는 어떤 무늬와 색으로 완성될지 모르는 짜릿함이 있어요. 수년간의 경험으로 어렴풋이 짐작만 할 뿐이죠. 사실 예상을 빗겨나갈 때도 많아요. 형태 또한 모두 같은 몰드에서 떼어내더라도 매일 다른 건조 여건과 고온으로 소성하는 과정 중에서 조금씩 모양이 틀어지기도 하는데 저는 이런 '자연스러운 변형' 을 보는 일이 즐거워요. 예기치 못한 기쁨이라고 할까요? 가마 문을 열기 직전의 두근두근함은 제가 제일 좋아하는 순간이에요.

Q. 자연스러운 변형이라, 인상 깊은 이야기인데요. 작가님은 도자기가 갖는 매력이 뭐라고 생각하시나요?

제가 만드는 그릇은 무늬와 컬러가 모두 달라요. 하나도 똑같은 게 없죠. 어떤 그릇을 사용할까 고르다 보면 그 날의 심리 상태가 반영될 때도 있어요. 기분 좋은 주말엔 주황색 같은 쨍한 컬러가 당기고, 업무 차 접대를 할 때 신뢰감을 높여주는 푸른 색감의 그릇을 꺼내기도 하고요. 각각의 도자기의 특성을 즐기는 것 또한 매력인 것 같아요. 저는 예민한 편인데 알록달록한 컬러들을 보며 안정을 느끼고 치유를 받는 사람이다 보니 작업 자체가 저에게는 굉장한 힐링이에요. 어떻게 보면 덕업일치라고 할 수 있을 것 같네요.

Q. 캐치프레이즈가 'Adore my colorful life'에요. 다채로운 색과 삶에 집중하는 것 같은데, 작가님의 다채로운 삶이란 무엇인지 궁금합니다.

시간은 계속 흐르고, 우리는 어제보다 늙어 있잖아요. 저는 추억을 먹고 사는 사람이에요. 나중에 나이를 먹으면 얘깃거리가 많은 할머니가 되었으면 해요. 사실 제가 지향하는 다채로운 삶이라는 게 그렇게 대단한 건 아니에요. 다만 매일 똑같은 단조로운 일상을 보내기보다는 작은 새로운 도전들을 끼워 넣으려는 노력을 해요. "나 이제 얼그레이 하이볼 먹어본 사람이 되었어!", "비타민-디 주사라는 걸 맞고 내 돈으로 결제까지 하다니 꽤나 어른이 된 것 같다." 하면서 별거 아닌 첫 경험에도 스스로를 치켜세워주죠. 우물 안에 갇힌 사람으로 늙고 싶지는 않아요. 깊지 않더라도 다방면에 경험치가 많은 사람이 되고 싶어요.

추억이 주는 큰 끌림이 닿은 응암동

Q. 로쇼어 세라믹 룸이라는 공방이라는 꽤 특이한데요, 로쇼어 이름은 어떤 의미인가요?

로쇼어는 제 세례명인 로셀린과 쇼어를 조합해서 만든 이름인데요. 로쇼어의 'shore'는 영어로 호숫가, 강가 같은 물가를 뜻하는 단어입니다. 우리가 힘들 때나 기분 전환으로 한강이나 바다를 찾아가듯이 저희 공방을 찾아주시는 분들께 그런 공간이 되었으면 하는 마음을 담아 보았어요.

Q. 주택 이층집을 새롭게 리모델링해서 작업실을 만들었는데, 오래된 집의 아늑함은 유지한 공간이 알록달록한 도자기들과 잘 어울리는 것 같아요.

처음 이 공간을 만났던 2년 전이 생생합니다. 할머니 한 분이 오랫동안 혼자 사시던 집이었는데 관리가 전혀 안되어서 귀신이든, 벌레든 뭐가 튀어나와도 이상하지 않은 그런 집이었어요. 그 와중에 요즘은 보기 어려운 나무 천장과 부엌과 거실을 잇는 아치 구조가 눈에 들어왔어요. '꾸밀 여지'를 발견한 거죠. 오래된 집 특유의 아늑함을 극대화하기 위해 자연스럽게 우드톤으로 인테리어를 하게 됐어요. 제 작품들이 워낙 컬러풀하다 보니 우드와의 대비도 좋았고요. 다행히 찾아주시는 분들이 제 의도를 알아봐 주셔서 기뻐요.

Q. 주택가 작은 골목 안쪽에 카페와 함께 있는 건물에 위치하고 있어요. 어떻게 하다 이 공간에 정착하게 됐나요?

아직 철이 없어서 그런지 돈을 많이 벌 수 있는 위치보다는 제 마음에 안정을 주는 곳에 더 끌렸던 것 같아요. 응암동은 제가 태어난 곳이자 다섯 살까지 살았던 동네예요. 너무 어릴 때지만 꽤 많은 추억이 있어요. 2년 전 공방 열 곳을 찾아 몇 십 년 만에 다시 오게 되면서 기억 속의 장소들이 꿰맞춰지는 아주 즐거운 경험을 했어요. 둘리 시리즈를 빌려 봤던 비디오 대여점, 동네 언니 오빠들이랑 땅따먹기 하던 골목길, 털보 할아버지 의사 선생님이 계셨던 작은 의원 등 지금은 동네가 발전되면서 거의 없어졌지만 그 장소들을 지날 때면 마음이 따뜻해져요. 이쯤 되면 진짜 추억을 먹고 사는 사람 맞죠? (웃음)

Q. 추억이 주는 끌림에 정착하셨군요. 작업 공간이 번화가에 있지 않아 겪게 되는 어려움이 있을 것 같은데요.

번화가가 아닐뿐더러, 2층에 위치해 있다 보니 매일 골목을 지나다니셔도 공방의 존재를 몰랐다고하는 분들이 많아요. 치열하게 홍보를 해야 하는데 1인 자영업자라 이것저것 일 벌리기가 쉽지 않지만, 일단은 찾아와 주시는 분들을 감사한 마음으로 반갑게 맞이하고 있습니다.

추억과 더불어 은평구가 주는 정겨움이 있어요. 처음 공방을 꾸미면서 필요한 물건들을 정신없이 사다 나르던 때였어요. 한겨울이었는데요. 횡단보도에서 만난 할아버지께서 저를 보며 뭐라고 하시길래 이어폰을 빼고 다시 여쭤봤더니 '추운데 장갑 끼고 다녀라'라는 말씀이셨어요. 빨갛게 언 제 손이 안쓰럽게 보였나 봐요. 역시 내 고향엔 이렇게 따뜻한 분들이 사시는구나 하고 뿌듯하고 감사했던 기억이 있습니다. 은평구는 매일 시끌벅적해요. 원주민이 많아 이웃 간에 가족같이 지내고 다투는 소리도 아주 빈번하게 들리죠.(웃음) 저는 이 모든 것들이 정답고 재미있어요.

흙이 주는 즐거움과 위로가 가득하길

Q. 지역의 정겨움과 다정함에 흠뻑 빠진 거 같은데요, 지역에서 함께 해보고 싶은 일도 있을 거 같아요.

할아버지, 할머니 손에서 자라 그런지 동네 어르신들에게 마음이 많이 가요. 은평구는 유독 어르신들이 많기도 하잖아요. 손을 쓰는 활동이 치매나 우울증 예방에 좋다고 들어서 노년층을 위한 도자기 수업을 해보고 싶은 마음도 있었지만, 주변에서 만류하셨어요. 저희 공방이 가파른 계단을 올라야 하는 2층에 있어 혹시 모를 불상사가 생길 수 있어서요. 지금 당장은 실행하지 못하겠지만 계속 목표로 두고 있으면 언젠가 길이 열릴 거라고 생각해요.

Q. 최근에는 불광천 벚꽃 시즌에 맞춰 그릇 판매전을 열었는데요, 판매전을 기획하게 된 계기가 있나요?

주로 편집숍에 납품해서 판매하다 보니 고객들과 직접 만날 기회가 없어서 늘 궁금했어요. 볼 것 없는 골목길에 위치해 있지만 벚꽃 시즌이라면 불광천 산책하시면서 부담 없이 들러주실 수 있지 않을까 싶어 B급 제품들을 포함해서 판매전을 열게 되었습니다. 2주간 진행하면서 지나가면서 들러주시기도 하고 원래부터 좋아해 주셨던 분들이 멀리서 오셔서 찾아와 주셔서 놀랍고 감사한 시간이었어요. 특별히 찾으시는 제품이나 개선되어야 할 점 등을 여쭙고 앞으로의 운영 방향에 참고하고 있어요.

Q. 이번 판매전이 작가님께 또 다른 작업의 동력이 된 것 같군요. 로쇼어의 다음 행보는 무엇인지 소개 부탁드립니다.

개인 작업물로 꼭 만들어보고 싶어서 수년째 준비하고 있는 게 있어요. 작품에 대한 영감이 주로 여행지에서 많이 떠오르는 편인데요. 모로코에서 묵었던 전통 가옥 양식인 리아드의 구조를 간결화해서 오브제 시리즈를 만들어 보고 싶습니다. 또 같은 관심사와 공통점을 가지고 클래스에 찾아주시는 분들에게 '컬러'와 관련된 심화된 수업을 제공하고 싶어 컬러리스트 기사 공부를 하고 있어요.

로쇼어는 지칠 때 쉬어 갈 수 있는 휴식처가 되었으면 해요. 공방 선생님과 클래스 수강생은 이해관계에 크게 얽힐 일이 없는 사이죠. 겹치는 지인이 있는 것도 아니고요. 흙을 만지면서 한 공간에 있다 보면 오히려 가까운 사람에게 말하기 힘든 속마음 얘기도 나누게 돼요. 고민거리는 흙 속에 넣어 마구 주무르면서 없애버리고 스트레스는 저와의 수다로 날려버리고 로쇼어가 되면 좋겠어요.

다. 은평에서 만나는 다양한 즐거움, 복합문화공간 이피플라츠

이피플라츠 ©저널서울 정민구

연신내 번화가를 살짝 벗어나면 조그마한 간판을 걸고 사람들을 맞이하는 2층 주택을 만날 수 있다. 이곳 지하에서는 와인, 막걸리, 소주, 맥주 등 다양한 주류들을 판매하고 1층과 2층에서는 시간에 따라 다양한 음식과 베이커리를 판매한다. 편하게 지하에서 술을 사서 음식과 함께 먹을 수도 있고 커피와 함께 베이커리를 즐길 수도 있다. 딱 한가지로 설명하기 어려운 이곳, 빵도 커피도 술도 있고 브런치와 다이닝도 있는 이 곳은 바로 이피플라츠다.

대조동 보틀샵 키오스크 이피가 이피플라츠로 새 단장하여 22년 12월, 연신내에 자리 잡았다. 양조장과 협업해 팝업을 열기도 하고 플리마켓이나 작가들의 전시를 진행하기도 한다. 퇴근길 저녁, 사람들과 더 다양한 주류를 함께 탐구하고 친목모임을 열기도 한다.

어쩌다 키오스크 이피는 이피플라츠가 되고 지역 청년과 함께 일하며 더 단단하게 은평구에 자리 잡게 된 걸까? 그 재밌는 이야기를 듣고자 지난 11일, 이피플라츠의 주인장 배민영, 정우연 부부를 만나보았다.

지역에서 다양한 술을 접하길

Q. 대조동 키오스크 이피가 연신내 이피플라츠로 확장 운영을 하고 있는데요, 확장 계기와 공간소개를 부탁드려요.

키오스크 이피를 운영하면서 비상시로 다이닝을 제공했었는데요. 손님들께서 맛있는 주류와 음식을 계속 함께 즐기시고 싶다는 말씀을 많이 주셨어요. 우연치 않게 마음에 쏙 드는 공간을 발견하였고, 은평에 좋은 술과 더불어 좋은 음식까지 함께 드리자는 마음으로 이피플라츠로 확장하게 되었습니다. 주류 판매와 더불어 다이닝을 제공하고 있고 다방면으로 즐거운 경험을 드리려고 고민하다보니 손님으로 만났던 여련씨도 파티시에로 합류하여 낮에는 베이커리와 카페도 함께 운영하고 있어요.

Q. 은평에서 바틀샵을 운영한다는 게 좀 생소하게 느껴져요.

은평구에 살면서 다양한 술을 만나기 위해서는 번화가로 나가야 되더라고요. 반대로 은평구는 다양한 술과 즐기는 동네보다는 베드타운이라는 인식과 소주와 맥주가 중심의 술 문화도 강했고요. 멀리 갈 필요 없이 동네에서 편하게 와인부터 막걸리, 증류주까지의 다양한 술을 만나면 어떨까 싶었어요. 소주와 맥주 말고도 좋은 술들이 많다는 것을 동네 분들에게도 알려 드리고 싶었고요. 지역 사람들과 로컬라이프스타일을 함께 만들어 가면 좋지 않을까라는 마음도 있다보니 공간 확장으로도 자연스럽게 연결된 것 같아요.

단순한 제공보다는 향유할 수 있는 공간으로

Q. 꼭 맛있는 음식만, 빵만, 주류만 주력하는 것이 아닌 각각을 모두 조화롭게 제공한다는 것 자체가 라이프스타일과 맞닿아 있는 부분이네요.

공간을 설계하면서 가장 고려했던 부분은 고객들이 오래 머물 수 있는 공간이 되길 바랐어요. 하나의 큰 흐름이랄까요? 바틀샵에 와서 바틀만 사가는 것이 아니라, 식사도 할 수 있고, 마지막엔 디저트까지 함께 할 수 있도록요. 낮에는 브런치와 커피를 즐기다가도 해질녘이 되어 와인을 마실 수도 있고요. 편하게 머물며 공간을 즐겼으면 했어요. 실제로 방문했던 손님 중에 1층에서 카페로 공간을 이용하시다가 지하에 가서 주류를 구경하더니, 결제 후에 주류와 함께 공간을 이용하기도 했죠. 또 그러다가 2층에 가서 새롭게 커피를 시키며 카페를 이용하시더라고요. 사실 공간이 무엇 하나로 명확하게 정의되지 않아 익숙하지 않을 수 있어요. 복잡하고 모호하기도 하죠. 하지만 그렇기에 더 능동적으로 공간을 향유할 수도 있어요. 저희가 답을 내려드리는 것이 아닌 여러 번 오면서 이번에는 이렇게, 다음에는 저렇게. 손님이 주체가 되어 자신만의 답과 즐기는 방식을 만들어 내는 것이 라이프스타일과 결을 같이하는 것 같습니다.

Q. 단순한 음식점이 아니라 서비스를 제공하되 원하는 방식으로 소비할 수 있는 커다란 플랫폼 같이 느껴지기도 합니다. 다양한 전시와 플리마켓도 결을 같이 하는 것 같은데요.

키오스크 이피를 약 3년 정도 운영하면서 고객들을 만나며 느낀 건, 손님들이 다양한 업계에서 일하는 분들이 많다는 것이었어요. 그런 분들이랑 네트워킹을 하면서 '은평구 내에서 다양한 일을 해볼 수 있겠다'라는 생각을 했어요. 복합문화공간이 발달했던 한남동이 결국 로컬 중심의 이웃문화로부터 시작된 것처럼 은평구도 그 가능성을 발견한 거죠. 전시와 플리마켓은 실제로 그 결과라고 할 수 있고요.

Q. 어쩌면 공간의 확장에 따라 지역 내에서 일어날 수 있는 다양한 가능성이 덩달아 넓어진 듯 합니다.

이피플라츠는 '은평'과 독일어 '공간'이라는 단어를 합한 이름으로 '은평의 공간'이라는 뜻을 가지고 있는데요. 전시와 플리마켓 뿐만 아니라 다양한 모임이나 콘텐츠 등 소프트웨어적으로 할 수 있는 가능성을 찾고 있어요. 은평구 내의 다양한 분들과 협업하며 함께할 방법은 없을지 고민 중에 있습니다.

로컬, 지역에서 소소하게 할 수 있는 것들이 분명히 있거든요. 지역 내에서도 즐길 거리가 있으면서 그 안에서 함께 움직임을 만들 수 있는 지역사회가 되었으면 해요. 그런 움직임들이 모이다 보면 점차 함께 살기 좋은 동네가 되지 않을까요?

지역 내의 고유한 가치와 교류

Q. 사실 이런 복합적인 공간이 지역에 자리 잡기 쉽지 않았을 것 같아요. 어려움도 많았을 거 같은데요.

익숙하지 않고 이질적으로 받아들여지다 보니 지나치는 분들도 많으세요. 섣불리 들어오시지 못하는 것도 있는 것 같아요. 연령층도 청소년과 노년층이 많다보니, 수요가 따라오지 않기도 하고요. 그럼에도 알아봐주시고 이 곳을 찾아주는 단골손님들이 있어요. 저희를 생각하며 방문해주시고 이것저것 챙겨주시거나 연락을 주시기도 하면서 큰 힘이 됩니다.

'이피플라츠에 가면 새로운 술과 맛있는 음식을 만날 수 있어!' 라는 즐거운 말 한마디가 저희가 계속 이 공간에서 손님들과 함께 있도록 만드는 것 같아요. 은평에서 시작한 만큼 은평에서 해내보자는 의지도 있고요.

Q. 은평구에 대한 애정이 남다른 것 같아요. 은평구에 대해 어떻게 생각하고 계신 가요?

은평구가 막연한 베드타운 같고 '불광동 휘발유'와 같은 단어들로 무섭다는 인식이 많더라고요. 사실 그렇게 무서운 동네는 아닌 것 같아요.(웃음) 동네도 조용하고, 사람들과 함께 살아가는 잔잔한 즐거움, 은평구가 갖는 인간미가 있어요. 장사를 하면서도 서로 돕고 지내고 사람과 사람간의 교류도 다양하게 이루어지고 있고요.

점점 다양한 분야의 사람들이 지역으로 모이면서 다양한 공간도 많아지고, 실제로 좋은 공간과 상인들을 만나면서 더욱더 '은평구에서 재밌는 일을 많이 할 수 있겠구나' 생각해요. 어쩌면 그것이 인식에 대한 반전의 매력으로 다가갈 수 있지 않을까 싶고요. 은평구가 재밌고 즐거운 공간이라는 것을 외부로 많이 알리고 싶은 마음이에요.

Q. 지역 상인과 주민, 그리고 지역사회가 어떻게 하면 함께 살아갈 수 있을까요?

지역에 사람들이 모이고 찾아오게 하려면 지역 고유의 콘텐츠가 있어야 한다고 생각해요. 그것이 지역사회가 살아갈 방법이고요. 저희도 그런 콘텐츠를 만들고자 노력하고 있지만 이미 존재하는 것들을 지키는 노력도 함께 되어야 해요. 가령 오랫동안 이 곳에서 양조장을 하시며 술을 연구해 온 온지술도가의 장인 김만중 선생님과 같은 우리 지역만이 가질 수 있는 가치가 있어요. 그 가치를 지키고 지원하는 제도가 많이 마련되었으면 하는 바람입니다.

많은 사람들이 이 동네의 다양한 공간, 이야기에 관심을 갖고 방문할 수 있는 지역이 되었으면 해요. 실제로 저희 손님 중에 직장은 중구 쪽인데도 불구하고, 팀원들을 데리고 이 곳에 방문해주신 적이 있어요. 저희 공간을 방문하고자 이 지역에 오신 거죠. 이런 현상들이 더 많아질 수 있도록 다양한 콘텐츠와 공간이 있는 은평구가 되면 좋겠습니다.

Q. 이피플라츠가 어떤 공간이 되었으면 좋겠나요?

유학시절 매일 가던 카페가 있어요. 아침에 스프 먹고 점심 때 카페로 쓰고 저녁에는 밥을 먹기도 하면서 매일 가도 편하게 갈 수 있었던 공간이었어요. 이피플라츠도 그런 공간으로 기억되면 좋겠어요. 그런 익숙함과 함께 지속적으로 새로운 것들을 만날 수 있는 공간이었으면 합니다. 저희가 갖고 있는 상품들과 콘텐츠를 변화해가며 매번 새로운 경험을 할 수 있는 매개체가 되는 공간이고 싶습니다.

라. 일상에서도 문화를 편안하게 만나기를, 복합문화공간 다-용도실

다용도실 ©저널서울 정민구

　은평구 대조동 평범한 주택가 귀퉁이에 자연스레 녹아들어간 공간이 있다. 통유리로 된 벽 사이로 따듯한 원목가구와 식물이 어우러져 햇살을 머금고 있는 평범한 카페로 보이는 이 곳은 복합문화공간 다-용도실이다. 다용도실에서는 맥주와 커피 그리고 음악을 선물한다. 때로는 주인장의 특별한 곁들임 메뉴와 함께 맥주를 마실 수도 매 번 달리 나오는 다양한 구움과자와 커피를 마실 수도 있다. 이 곳에서는 계절과 어울리는 제철 음료도 만날 수 있다. 가끔은 공간 전체가 전시장이 되기도 하고 연말에는 크리스마스 파티 현장으로 때로는 커피 한잔과 함께 공연을 볼 수 있는 공간으로 변하기도 한다. 한결같은 편안함을 바탕으로 다양한 변화를 시도하는 다용도실, 이 곳을 이끌어가고 있는 주인장 박이레, 어느덧 6년차가 되어가고 있는 공간에서 그를 만나 구수한 보리차 같은 공간의 매력을 파헤쳐 보았다.

모든 것이 열린 공간, 多-용도실

목재 가구와 식물로 채워진 다용도실은 할머니 댁 거실에 온 것 같은 편안함을 준다. 높은 임대료를 감당하기 위해 '빨리 빨리'가 주인이 되는 연신내 번화가와는 달리 정성을 다하며 느긋하게 공간을 채우는 핸드드립으로 커피를 제공하며 다용도실의 따뜻함을 더한다.

Q. 다용도실에서는 커피도 팔고 맥주도 팔고 있는데요. 특별한 이유가 있나요?

사실 제가 맥주를 커피만큼 좋아해요. 낮부터 맥주를 팔아도 좋지 않을까 싶어 처음부터 기획했어요. 낮에도 '낮맥'을 간단히 할 수 있는 공간이 있으면 좋지 않을까요?(웃음)

Q. 제철 과일을 활용한 참외 우유, 가을자두소다, 금귤 소다 등 다양한 과일 음료들을 판매하고 있어요. 매번 과일별 어울리는 메뉴를 개발하고 판매하는 게 쉽지 않을 것 같은데요.

수제 과일 음료를 하고 싶었어요. 하나 둘 만들다 보니 조금 더 건강한 음료를 만들면 좋겠다 싶었어요. 사시사철 같은 맛을 내기 위해 주사 등으로 당도 조절한 인공적인 과일은 피하고요. 제철 과일은 인공 과정을 거치지 않아도 충분히 맛있거든요. 또한 예쁘지 않은 과일도 충분히 맛있어서 제철 과일을 활용하고 있어요.

Q. 다양한 종류의 구움과자류도 있는데요. 밀가루 대신 쌀가루를 사용하고 정제 설탕을 사용하지 않는다고 들었어요.

맨 처음 문을 열 때부터 내 양심에 찔리지 않고 내가 먹을 수 있는 메뉴를 내놓는 것이 기준이었어요. 그러던 중에 몸이 안 좋았던 때가 있었는데 병원에서 인스턴트같이 환경호르몬이 있는 음식들을 지양하고 밀가루 섭취 등을 줄이라는 처방을 받았습니다. 처방과 가치관 모두를 지키려다보니 메뉴도 밀가루에서 쌀가루를 쓰게 되고 버터도 줄이게 되면서 자연스럽게 건강한 메뉴를 만들게 되었어요.

Q. 다용도실 창 한편에는 강아지 발바닥과 아기 젖병이 하트모양과 함께 붙어있어요. 반려동물과 아이들에게 친절한 공간임을 나타내는 것 같아 모두가 함께하는 공간이라는 생각이 듭니다.

다용도실을 시작할 쯤 노키즈존이 붐이었어요. 하지만 강아지도 아기도 보호자가 잘 케어 한다면 불편할 게 없는데 사람들이 아이나 강아지가 들어갈 수 있는 공간이라서 싫어하는 것이 이질적으로 느껴지더라고요. 오히려 그런 분리가 그 대상에 편견을 만드는 느낌이어서 아이도 강아지도 모두가 함께할 수 있는 공간으로 만들고자 했습니다.

이웃사촌 만들기 프로젝트

"단골손님보다도 좀 더 친근한 느낌으로 동네 주민들과 친해지고 싶었어요."

박이레씨는 대조동 대추마을에서 나고 자란 주민이다. 음악 활동을 하면서 사람들과 함께 음악을 공유하고 이야기하며 문화를 함께 향유할 수 있는 공간을 만들고 싶었다고 한다. 다용도실을 문화 공간으로 만들어가는 이유는 결국 사람을 만나고 싶었고 동네 주민들과 친구가 되고 서로가 친구가 되길 바랬기 때문이다. '#이웃사촌만들기프로젝트'라는 해시태그를 바탕으로 동네 상인들과 플리마켓을 열기도 하고 가벼운 취향모임이나 인디가수들의 공연도 열고 있다.

Q. 원래 음악 활동을 했다고 들었어요. 다용도실을 열게 된 계기와 관련이 있을 것 같습니다.

피아노 강사를 하면서 밤에는 건반을 매고 공연을 다니곤 했어요. 공연을 다니면서도 교통비조차 못 받는 경우도 많아서 이럴 바에는 내 공간에서 공연을 열면 어떨까 생각했고 카페 같은 공간을 좋아하다보니 지금의 복합문화공간 다용도실을 차리게 되었습니다.

문을 열고 그때 같이 활동했던 친구들이 공연하기도 하고 제 취향이 담긴 공연을 기획해서 진행했어요. 그 때와 달라진 건 내가 가는 것이 아니라 사람들이 오는 것뿐인데도 다들 보러 와주시고 좋아해주시는 걸 보면서 신기해했던 것 같아요.

Q. 다용도실에서는 정말 다양한 프로젝트를 진행해요. 프로젝트를 진행하는데 어떠한 기준점이 있나요?

기준이 있지는 않아요. 다만 프로젝트가 이 공간에서만의 콘셉트를 가질 수 있도록 노력하는 편이에요. 맨날 부르는 노래를 저기서도 부르는 걸 여기서도 똑같이 부르는 것은 보는 사람의 입장에서 재미없지 않을까요? 그런 면에서 우리 공간에서만 만날 수 있고 의미를 찾을 수 있는 것들로 기획하고 있어요.

Q. 최근에는 노래를 좋아하는 지역 주민이 호스트가 되어 함께 노래를 듣는 모임을 열었는데요. 꼭 어떠한 재능이 있는 게 아니어도 취향이 맞는 사람이라면 함께 할 수 있는 모임 같아요.

오랜 단골들과 취향을 이야기하다 의견이 맞아 주최했어요. 제가 새로운 프로젝트를 하는 것을 좋아하고 열심히 준비하는 것을 이미 아는 분들이다 보니 기획서도 써가며 단단히 준비했습니다. 어느덧 2회 차를 앞두고 있어요. 다용도실이 저뿐만 아니라 다양한 사람들에게 다양한 공간이길 바랐는데, 참여를 넘어 함께 운영도 진행하시니 진짜 다용도실의 의미를 이루게 된 것 같아 좋더라고요. 추후에는 기회가 닿으면 더 자유롭게 주민들과 모임을 기획해 봐도 좋겠다 생각했어요.

Q. 지역에 녹아있는 공간으로서 색을 더해가는 것 같아요. 이러한 모임들을 하며 느끼는 즐거움은 무엇인가요?

연차가 쌓이면서 방문객 간의 친분도 쌓이는 모습을 봤어요. 꼭 이 공간이 아닌 다른 곳에서 만나 밥도 먹고 사적으로도 연락하며 친해지시더라고요. 정말 이웃사촌이 된 거죠. 보면서 되게 뿌듯했어요. 이런 게 내가 진짜 원하는 것들인데 하는 생각과 함께 그런 그들을 보고 있으면 마음이 따듯해져요. 제가 원하는 삶이기에 시작했던 것들이 이 공간을 통해 다른 사람들과도 같이 한다는 것이 정말 큰 즐거움이에요. 이런 것 때문에 끊임없이 동네기반을 추구하는 것 같아요.

사랑과 정겨움의 우리 동네

Q. 번화가에 벗어나 있다 보니 카페 운영에 어려움도 있었을 것 같아요.

드립 커피가 주는 여유가 이 공간에도 있길 바라는 마음으로 카페 운영 초반부터 대로변 보다는 한적한 공간을 찾았어요. 물론 힘든 적도 있었고 코로나가 터지면서 어려움을 겪기도 했지만 이 공간을 운영하는 것이 매우 큰 행복이고 원동력이에요. 내가 하고 싶은 것을 하려면 어느 정도 다른 것을 포기해야한다는 생각을 갖고 있어 버틸 수 있어요.

Q. 이레님에게 우리 동네는 어떤 곳인가요?

'정겨움'이자 '사랑이 많은'으로 표현할 수 있을 것 같아요. 사실 모르는 사람을 좋아하기 쉽지 않잖아요. 하지만 우리 동네에 있다 보면 서로 서로 사랑과 보살 핌을 주고받고 있는 느낌을 많이 받아요.

Q. 다용도실이 손님들에게 어떤 공간이 되기를 희망하나요?

슬리퍼 신고 수면바지 입고 올 수 있을 정도로 편안한 공간이 되었으면 해요. 동네에 위치한 만큼 막 꾸미고 오기보다는 편히 오셔서 쉬었다 가실 수 있는 공간이길 바랍니다. 공연이나 전시회 같은 것이 어려운 게 아니라 일상에서 접 할 수 있는 것이라는 것도 보여드리고 싶어요. 특별하지만 어려운 게 아니라 쉽 게 접할 수 있는, 문화를 일상에서 향유할 수 있는 공간이 되길 희망합니다.

Q. 따뜻하고 편안한 그 마음이 공간에도 드러납니다. 이레님은 어떤 삶을 살고 싶 나요?

저는 다정한 할머니가 되는 것이 꿈이에요. 갑자기 음악을 하다 카페를 하고 또 공간의 기획을 하듯이 '하는 일'은 언제든지 바뀔 수 있어요. 그 결이 약간 달라지는 것 뿐 방향성에는 큰 변화 없이 지금과 비슷한 삶을 추구하며 다정한 할머니로 나아가길 바라요.

마. 가득한 사랑 속 함께 연대하는 삶, 술집 우주

우주 ⓒ우주

증산역 인근 불광천을 따라 걷다 보면 궁금증을 자아내는 공간이 있다. 우주가 연상되는 다양한 모양들이 줄지어 그려져 있는 간판과 함께 벽부터 문까지 감싼 목재가 눈에 들어온다. 불투명한 창에서는 따뜻한 불빛들이 은은하게 새어 나오고 출입문의 작은 창문만이 그 안을 살며시 보라는 듯 투명하다. 노란빛 사이로 편안하게 술 한 잔 기울이고 싶어지는 이 작은 공간은 술집 '우주'다. 이곳에서는 어떤 즐거움을 만날 수 있을까? '우주'의 주인장 김한주를 만나 이야기를 들어 보았다.

모호하지만 확실한 '술집'

Q. '우주'는 어떤 공간인가요?

조용한 동네의 작은 술집이에요. 올해로 벌써 6년 차에 접어들고 있습니다. 소고기를 기본으로 한 메뉴와 술을 판매한다는 의미로 한자 소 '우'에 술 '주'를 합쳐 '우주'로 이름을 지었고, 간판은 이중적 의미를 담아 우주(cosmos)를 이미지로 표현했습니다. 가수가 본인이 부른 노래 따라가는 삶을 살 듯 저도 점점 우주에 대해 알아가는 삶을 살고 있습니다. 현재는 소고기 메뉴가 빠지면서 우주(cosmos)라는 의미에 더 가까워졌다고 볼 수 있겠네요.

Q. '술집'이라는 간결한 표현을 사용하는 이유가 있을까요?

우리는 공간이 바 형식이거나 어딘가 모르게 일본 느낌이 나면 이자야카라고 공간을 정의하는 것 같아요. 일본 음식이나 술을 팔지 않는데도 말이죠. 그런 생각에서 좀 벗어나고 싶었어요. 덩달아 공간의 정체성을 술집으로 하면 그에 맞는 다양한 음식과 술을 포괄할 수 있을 것 같았고요.

Q. 메뉴판을 보니 광어 구이, 그라탱, 하몽과 대파구이 등 다양한 음식과 주종도 와인부터 위스키, 소주까지 굉장히 다양하네요.

퓨전요리부터 디저트까지 제가 맛있게 만들 수 있는 음식들로 준비하고 있어요. 그래서 때로는 음식의 간을 보기 힘들어지는 순간이 오면 메뉴에서 빼고 대체할 메뉴를 들여오곤 합니다. 제가 먹기 싫은 음식을 팔 수는 없어요. 간을 보는 것이 괜찮아지면 다시 살려오기도 하는데요. 최근에 우삼겹 미소크림파스타가 2년 만에 다시 돌아왔어요.

저는 미각을 다양하고 세밀하게 느끼면서 차이점을 인식하고 취향을 찾는 것을 좋아하는데요. 술도 같은 맥락이에요. 저에게 있어 음식과도 같은 존재인 거죠. 주종별로도 종류가 굉장히 많고 맛과 향이 다르거든요. 가능한 선에서 다양하게 구비하여 각각의 술이 갖는 매력과 오묘한 차이를 느끼는 재미를 가지셨으면 하는 마음으로 준비했습니다. 그 경험을 통해 새로운 취향을 찾으시는 데 도움이 된다면 더 좋고요.

편안한 공간 속 함께 한다는 것은

Q. 우드톤의 공간이 눈길을 사로잡는데요. 안이 잘 보이지 않는 창문도 궁금증을 자아내고요.

궁금증이 들었다면 제 의도가 통했다고 볼 수 있어요(웃음). 공간을 만들면서 크게 두 가지에 신경 썼는데요. 첫 번째는 시야에 들어오는 주요색은 나무색으로 하고 비슷한 색의 합판을 찾아 적당한 채도로 모두 같은 톤을 풍기도록 했어요. 시야에 가장 크게 자리 잡는 색이 현재 감정 상태에 영향을 준다고 하더라고요. 전반적인 톤이 다운되도록 하되, 인위적인 색없이 차분하고 편안한 분위기를 조성하려고 했습니다. 두 번째로 외관의 불투명한 유리들은 나와 외부, 어쩌면 타인과의 거리를 적당히 갖고자 하는 마음이 녹아있어요. 외부에서 공간이 너무 투명하게 보이지 않으면 좋겠다고 생각했어요. 서로 닿아있지만 또 서로 너무 드러내지 않는 듯한, 투명하게 확 다가가는 것이 아닌 적당한 거리에서 조심스럽게 서로를 대하고 싶은 마음입니다. 더불어 들어온 손님들이 공간에서 충분히 편안하게 즐기고 저 또한 최대한 내부에 집중하고 싶은 마음도 있고요. 그럼에도 출입문의 작은 창문은 투명하게 두었는데요. 완전한 차단이 아닌, 안과 밖 서로가 조금씩 호기심도 갖고 궁금증도 자아내는 역할이랄까요?

Q. 그러한 의도가 통한 것인지 혼자와도 둘이와도 편안한 느낌을 준다는 리뷰가 많아요. 인테리어뿐만 아니라 공간이 주는 분위기와 사장님의 응대 덕분인 것 같습니다.

분위기를 유지하기 위해 지키려는 세 가지 철칙이 있어요. 첫 번째는 혼자 온 사람에게 절대 어설프게 말을 걸지 않는 것인데요. 손님도 저도 각자가 가진 입장과 생각은 모두 다르고 알 수 없어요. 손님에게 섣불리 다가가지 않고 그 손님의 시간을 존중하려고 합니다. 두 번째는 안에 있는 사람들이 언제나 우선이에요. 더 많은 손님을 유치하기 위해서 자리 이동 등의 양해도 최대한 하지 않으려고 하며, 손님의 마음이 조급해지거나 불편해지지 않길 바라기에 최대 사용 시간이나 메인 메뉴 필수와 같은 조건을 두지 않습니다. 마지막으로 공간에 있다가 떠나는 사람들이 문밖을 나설 때 불쾌함이나 부정적인 감정을 갖지 않고 나가길 바라는 마음으로 응대와 서비스 등에서 노력하고 있어요. 최대한 안에 있는 사람들에게 집중하여 그들이 편안할 수 있도록 하는 것이 목표입니다.

Q. '우주'는 상가 지역이 아닌 주거 지역에 있어요. 이런 위치에 문을 열기 쉽지 않았을 것 같은데요.

고민도 많았죠. 자연은 너무 좋은데, 상권 형성은 안 되어있고 이름마저 처음 들어본, 생소한 동네였거든요. 더군다나 인생의 대부분을 합정과 망원에서 살면서 젊은 시절 홍대 권역에서 노는 것이 당연했습니다. 상가도 자연스럽게 홍대 상권에서 찾고 있었고요. 그러던 도중 우연한 기회로 증산역을 방문하게 되었어요. 이렇게 가까운 지역에 도심 하천이 흐르고 저 멀리 산이 보이는 자연환경이 있다니 너무 좋더라고요. 그날 그 길로 상가를 찾아다니다 이 공간을 만났습니다. 지금은 주변에 친구들도 많이 생기고 거주지도 북가좌동으로 옮기면서 제 2의 고향과도 같은 동네에요.

Q. 실제로 주변 친구들과 다양한 행사를 여는 모습을 보니 동네 생활을 즐겁게 하고 있는 게 느껴집니다. 작년 봄에 한 '빛'축제는 특히 인상 깊더라고요.

운 좋게 가까이에 결이 맞는 친구들을 만나게 되었어요. 주변 음식점 사장님들부터 예술가, 디자이너까지 하는 일도 다양하지만 이들과 함께 동네에서 생활하면서 지역 커뮤니티와 같은 감정적인 부분들을 많이 느꼈어요. 그러면서 자연스럽게 친구들과 상점들과 이런저런 활동을 기획하기 시작했습니다. '빛'축제는 불광천 벚꽃시즌에 맞춰 건너편에 위치한 바(bar) '엔젤리즘'과 함께 기획한 축제입니다. 낮 시간은 이곳에서 '디오티디', '심드렁', '그릭앤바이츠'가 디저트를 제공하고 요리를 좋아하는 친구들과 함께 오픈 키친을 열었어요. 해가 진 저녁에는 '엔젤리즘'에서 디제잉 파티와 불광천변에서 퍼포먼스를 진행했습니다. 손님들이 불광천에 돗자리를 펴서 즐기기도 하고, 서로 아는 사람들끼리 인사를 나누기도 하는 등 많은 사람들을 만날 수 있었던 즐거운 행사였어요. 이 외에도 단골손님과 함께 숙성회 팝업을 열기도 하고, 도토리묵과 막걸리 팝업을 열기도 했어요. 몇몇 분들은 행사 이후 실제로 음식점을 오픈하시기도 했습니다. 최근 인근에 생긴 '주화시장'도 '빛'축제에서 함께 했던 친구가 연 음식점이에요. 이렇게 동네 사람들과 함께 하면서 점점 크고 작은 네트워크가 쌓이고 있는 것 같아요. 그렇게 또 친구가 되는 거고요. 언젠가는 불광천 일부 200여 미터 거리를 차 없는 거리로 해놓고 음식부터 마켓, 공연이 있는 작은 축제의 장을 열어보고 싶어요.

Q. 단순히 소비자만을 위한 행사가 아닌 준비하는 사람들도 행사를 즐기는 것 같아요. 행사를 여는 동력이 있다면?

우리 같이 가진 것이 없는 자들은 연대해야 살아남을 수 있다고 생각해요. 도시 생활에서 개개인으로 살아가는 것은 쉽지 않습니다. 저에게 있어 행사를 여는 것은 함께 연대하며 살아가는 행동 중에 하나에요. 연대하며 함께 살아가는 것이 우리의 생존 전략이자 그 생각이 실천된 거죠. 그 행동이 재미있으면 좋고 의미도 있으면 좋고, 이왕이면 수익까지 있으면 더 좋고요.

개인적으로 이런 판을 만들고 실제 온 사람들이 재미있어하는 모습을 보는 게 너무 즐거워요. 기회가 된다면 지속적으로 이러한 행사들과 활동을 진행하고 싶어요. 둘이 재밌는 것보다 여러 명이 재밌는 것이 더 즐겁잖아요? 꾸준히 친구들과 마음 맞는 사람들과 연대하면서 재밌고 싶습니다. 공간을 운영하는 사람이나 공간을 필요로 하는 사람들이 서로 함께하며 채워가고 알아갔으면 좋겠어요.

사랑을 실천하는 공간을 꿈꾸며

Q. 말씀을 들으니 이 동네가 더 즐거워진 느낌이 들어요. 처음 문을 열 때와는 달라진 점이 있나요?

5년 전 들어올 때에 비하면 상권은 큰 변화는 없는 것 같아요. 그럼에도 30~40대 신혼부부와 젊은 사람들이 많아졌고 홍대 상권에서 활동하던 예술 쪽 계열 사람들도 이 근방으로 많이 넘어오고 있는 것 같습니다.

우리 가게뿐만 아니라 이 동네에 있는 다양한 상점들이 여러 방면에서 더 노력을 해야 한다고 생각해요. 이런 공간과 사람들이 있다는 것, 그 존재를 알림과 동시에 취향과 결이 맞는 사람들이 찾아오고 만나면서 행복하고 즐거운 마음들이 커지면 좋겠어요. 이 동네에서 재밌게 사는 모습을 보여주고 또 이런 마음이 맞는 사람들이 꾸준히 모이면서 함께 차별 없이 즐거운 생활을 할 수 있는 동네가 되길 바랍니다.

Q. '우주'의 문을 연지 5년이 되었는데요 감회가 새로울 거 같아요.

'우주'를 열기 전후의 제 삶은 완전히 달라졌어요. 생각하는 방식도 말하는 방식도 바뀌었죠. 생계문제로 시작했던 일이 삶의 태도와 방식을 다시금 생각하고 실천할 수 있게 해주었습니다. 이 공간에서 더 좋은, 더 나은, 내가 원하는 사람으로 충분히 될 수 있음을 느끼고 깨달을 수 있었어요.

이런 생각과 태도를 갖게 한데는 지금 이 동네에 살며 만나는 사람들의 영향이 큽니다. 그 사람들이 부족했던 저를 어여삐 여겨주고 함께 가주고 있어 새로운 삶을 살고 있다고 생각해요. 특히 사랑이라는 것을 관념적으로만 생각했는데 지금은 그것이 무엇인지 실감하고 있어요. 지금의 저에게 있어서는 우리가 가져야 할 답이자 열쇠가 아닐까, 어쩔 때는 행복으로 갈 수 있는 것이자 전부인 것처럼 느껴질 때도 있거든요. '우주'를 운영하면서 수많은 사람들로부터 사랑을 배웠습니다.

Q. 앞으로 어떤 '우주'를 만들어 가고 싶나요?

'우주' 5주년을 맞으며 SNS에 '제가 우주라는 가게를 하면서 가장 많이 생각한 화두는 사랑인데요. 지난 5년이 생각하게 되고 정리하던 시간이었다면, 앞으로의 시간엔 실천으로 옮길 수 있는 사람이, 가게가 될 수 있도록 하겠습니다'라고 글을 남겼어요. '우주'가 존재하는 동안 더 많은 사랑을 실천하고 싶어요. 그건 '우주'에서 만나는 손님과의 짧은 만남일 수도 있고, 사람 간의 연대, 커뮤니티, 문화일 수도 있겠죠. 우리 모두는 강하게 원하면 다 할 수 있다고 생각해요. 저는 그 사랑을 실천하고 더 노력하며 재밌게 살고 싶습니다.

바. 다양한 커피로 진심을 가득담아, 카페 새시로

새시로 ⓒ새시로

커피가 좋았다. 아니 정확히는 커피 추출할 때 내려오는 줄기에 꽂혔다. 일정한 양의 원두를 에스프레소 머신에 끼워 좋은 색과 함께 내려오는 그 모습에 반해 그 길로 서울에 올라왔다. 커피업계에서 일하기를 8년, 새로운 내 고향 서울에서 다시 시작한다는 마음으로 카페를 열었다. 카페 '새시로'는 그렇게 역촌동에 자리를 잡았다. 어느덧 4년차, 연신내에 2호점 브루잉바를 열어 '새로운' 방식으로 커피를 선보인지도 1년이 넘어간다. 그녀에게 커피란, 그리고 새로운 고향은 어떤 모습일까? '새시로'의 유가영 대표를 만나보았다.

새롭게 다시 시작하다

Q. 새시로, 어떤 의미를 담고 있나요?

커피가 좋아 10대 때부터 카페 아르바이트를 했어요. 그 때 당시 광주의 커피 시장은 굉장히 작았기에, 전문적으로 배우는데 한계를 느끼고 무작정 서울로 올라왔죠. 바리스타부터 프랜차이즈 본사까지 커피뿐만 아니라, 운영관리, 시스템까지 전반으로 경험하며 전문성을 쌓았던 것 같아요.

이후 내 것을 차려, 내 방식대로 운영해보자 하고 차린 것이 지금의 새시로에요. 광주 방언으로 '새롭게 다시 시작하다'라는 뜻인데요. 커피를 접고 고향으로 내려갈까 생각이 들었을 무렵의 새로운 시작이었거든요. '새시로'를 마음에 품고 안주하지 않고 꾸준히 도전하길 바라는 마음도 있어요.

Q. 커피를 위해 상경이라, 그 진심처럼 카페에 다양한 원두가 다양한 방식으로 제공되고 있어요.

내리는 방식은 핸드드립과 에스프레소로 제공하며, 2~3주 간격으로 핸드드립의 원두를 새로운 것으로 변경하고 있어요. 손님들이 커피의 다양한 맛을 경험하시길 바라며 꾸준히 변경하고 있습니다. 다양한 커피 맛과 문화를 전달해드리고 싶어요. 단골이 많다보니, 손님들께 항상 똑같은 맛보다 새롭고 색다른 맛을 보여드리고 싶은 마음도 있고요.

Q. 디저트 또한 새시로의 못지않은 히든카드에요. 고구마 브륄레가 굉장히 화제던데요?

고구마 브륄레는 고구마 위에 설탕을 토치하고, 아이스크림을 올려드리는 메뉴인데요. 한 매거진에 출연한 이후로 겨울 제철 메뉴에서 시그니처 메뉴가 되었답니다.(웃음) 고구마와 설탕, 아이스크림의 궁합이 커피와 잘 맞았던 것 같아요.

맛있는 커피만큼 맛있는 디저트를 드리고 싶었어요. 제철별로 맛있는 과일을 골라 커피에 어떤 디저트가 어울릴까 생각하며 메뉴를 만들고 있습니다. 손님들이 저희 메뉴를 보면서 계절을 읽으실 때가 있는데, 그럴 땐 기분이 참 오묘해요. 커피뿐만 아니라 다른 음료도, 디저트도 모두 전문성을 가진 '새시로'가 되고 싶어요. 한 분야가 주력이 되면 나머지 분야에 대한 퀄리티가 낮을 것이라는 편견을 깨고 싶달까요?

조용한 따듯함과 자연스러움

Q. 1호점과 2호점, 새시로는 어떻게 운영되고 있나요?

1호점은 커피와 함께 간단한 식사나 디저트와의 페어링을 즐기는 공간으로, 논커피 메뉴도 다양하게 판매하고 있어요. 그에 반해 2호점은 커피의 맛을 깊게 즐기는데 중점을 둔 브루잉바에요. 원두를 설명해드리기도 하고, 브루잉도 경험할 수 있는 공간으로 구성했습니다. 최대한 많이 다양하게 소개드리고 싶은 마음으로 시작했어요. 1호점은 제가, 2호점은 남자친구인 김남형이 운영하고 있습니다.

Q. 각 공간이 새시로만의 조용한 따듯함이 묻어납니다.

사실 처음 1호점 시작할 때, 텅텅 비어있는 공간이었어요. 그저 좋아하는 목수님께 의뢰해 맞춘 가구들로만 채워져 있었죠. 점점 손님들이 오가시며 써주신 편지와 그림 같은 것들이 하나둘 쌓이면서 따듯한 사랑방 같은 분위기를 갖게 된 것 같아요. 하나둘 손님들이 공간을 채워 주신거죠.

1호점이 톤이 밝고 따듯한 느낌이라면 2호점은 낮은 톤으로 정제되고 고요한 분위기를 갖고 있어요. 남자친구가 운영하다보니, 1호점과 결은 비슷하지만 조금은 다른 분위기를 형성하지 않을까 싶어요. 이 곳도 시간이 지날수록 손님들이 공간의 색을 입혀주시리라 생각합니다.

Q. 손님들이 새시로만의 공간을 만들고 있군요.

저는 지금도 그렇지만 취향이 없는 사람이라고 생각하는데, 손님들께서 정갈하고 고요하다고 말씀하시더라고요. 신기하게도 손님들도 비슷한 결을 가진 분들이 방문해주세요. 조용한, 아기자기한 소통들을 하시는 것도 너무 결이 맞아요.(웃음) 아마 이런 것들이 켜켜이 공간에 묻어나지 않았을까 싶어요. 점점 '새시로'만의 고유함이 생겨나는 것 같아요.

Q. 조용한, 아기자기한 소통이라니, 궁금한데요?

냅킨에 짧은 편지를 써서 주시거나, 작은 그림을 그려주시는 등 수줍은 교류들이 많아요. 앞에서 활발하게 보다는 뒤에서 조용하고 소박하게 하는 소통, 귀엽지 않나요? 한편으론 같은 요일, 같은 시간에 패턴처럼 오시는 손님들이 많은데요. 어쩌면 그분들의 일상 속에 자연스러움이자, 루틴 속에 들어가 있는 느낌이에요. 그 자연스러움과 조용한 따뜻함이 새시로를 만들고 있는 것 같습니다.

지속하고 싶은 나의 새 고향

Q. 1호점부터 2호점까지 모두 은평구에 있어요. 어쩌다 이곳에 자리잡게 되었나요?

광주에서 올라와 처음 자리 잡은 곳이 은평구였어요. 우연히 카페 자리를 알아보다 역촌동의 아치형 빨간색 벽돌의 건물에 꽂혀 방문했다 그 길로 터를 잡았어요. 공간 내부에서 갖는 바깥의 시선 속, 지나다니는 행인과 주택들이 너무 아름다웠거든요.

1호점이 생기고 카페가 있는 거리에 상점들이 들어서면서 약간의 상권이 형성되었다고 말씀해주시더라고요. 뭐랄까 되게 뿌듯했어요. 연신내에서도 '거리를 만들어볼까?'라는 마음으로 연신내 끝자락, 조용한 거리에 2호점을 열었습니다. 연신내는 은평구의 시내잖아요? 이곳에서도 해내보는거죠. 새시로의 마음으로!

Q. 익숙하지 않은 곳에서 새로운 시작이라, 쉽지 않았을 것 같아요.

코로나가 시작하면서 카페를 오픈했는데요. 손님들이 손님을 끌어다 주셨어요. 오신 분들의 가족과 친구들까지, 입소문에 입소문을 타고 동네에 자연스럽게 자리잡을 수 있었어요. 단골 손님들과 함께, 저처럼 타지 사람분들이 많이 있더라고요. 그런 분들과 대화 나누며, 서로 동질감도 느끼고 애틋해하면서 외로움은 오히려 못 느꼈던 것 같아요. 어르신들도 오셔서 도란도란 대화도 나누고 정을 나눠주세요. 상가 어르신이 카페 생겼다고 오셔서 한 잔 팔아주시기도 하고, 가족들을 데리고 오시기도 하는 등 어르신들이 주는 따듯함도 가득해요.

확실히 어딘가 모르게 정감 가는 동네에요. 저희 동네에 노인분들이 되게 많은데요. 언젠가는 그런 분들을 위해 희망과 즐거움을 드릴 수 있는 활동을 해보고 싶어요. 가령 저희 아버지가 일일 바리스타로 일하신 적이 있는데, 손님도 아버지도 굉장히 즐거웠던 경험이라고 하시더라고요. 이렇듯 저희 측에서 해볼 수 있는 것을 기획해보고 싶은 마음이에요.

Q. '새시로'라는 이름처럼 꾸준히 새롭고 즐거운 도전이 가득합니다. 새시로의 꿈은 무엇인가요?

또 다른 '새시로'를 시도하지 않을까요? 특히 라이프스타일의 전반적인 것들을 해보고 싶은 마음이에요. 커피 외에도 샌드위치가게, 이자카야 등등 다양한 방면으로 새시로를 보여드리고 싶어요.

그리고 그때 그 순간에도 여기 이 동네에 있고 싶습니다. 이 곳은 이미 저에게 너무나도 정이든, 익숙해져있고 오래된 또 다른 저의 새 고향이거든요. 이 곳에서 계속 함께 하고 싶어요.

사. 그럼에도 희망을 품고, 카페 흔적

흔적 ©저널서울 정민구

초등학교 시절, 학교 앞 문구점과 떡볶이 가게가 우리를 붙잡고, 집으로 가는 길에는 친구들의 집을 하나둘 세며 가던 기억. 불광동 연신초등학교 앞 골목은 여전히 그 기억 속 모습이 가득하다. '흔적'은 그 사이에 아주 슬그머니 들어선 카페다. 무심한 간판대 하나로 '여긴가?' 싶은 마음으로 문을 열고 들어서는 순간, 검은 벽과 바닥, 우드톤의 가구들과 따뜻한 빛들로 반전을 이룬다. 때로는 지나가는 동네 주민들의 쉬어가며 물 한잔 마시고 한숨을 돌리고 가는 공간이 되기도 하고 산책 나온 강아지가 지나치다 꼭 들리는 필수 코스가 되기도 한다. 안과 밖이 다른, 하지만 결국엔 어우러지는 공간 흔적에서 주인장 이하연을 만나보았다.

흔적이 쌓여가는 공간

Q. 다양한 직업을 가지고 있는 것으로 알고 있어요.

맞아요, 어린이와 장애인, 청년이 행복한 세상을 꿈꾸며 다채로운 삶을 살고 있습니다. 카페 주인장 역할도 하고 대학 교단에서 창업 관련 강의를 하기도 하고 가끔 쇼호스트가 되기도 합니다. 그래서 카페 운영시간이 매주 다르답니다.

Q. 흔적이라는 이름의 의미는?

사람들이 오고가면서 많은 흔적들을 남기고 가잖아요. 예를 들면 커피를 마셨던 잔과 같은 거죠. 그냥 오고 가는 과정만이 아닌 각각의 발자취가 된다고 느껴졌고 하나하나 기억하고 생각하고 싶은 마음으로 흔적이라고 지었어요. 지나가는 것들 중에서 의미 없는 것은 없다고 항상 생각하거든요. 방명록에도 실제로 많은 분들이 자신의 이야기나, 그림 등을 남기고 가면서 공간에 차곡차곡 흔적이 쌓이고 있어요.

Q. 카페 간판이 은혜수선인데요, 기존 간판을 그대로 둔 이유가 있나요?

동네와 분위기를 맞추고 싶었어요. 지금 이 거리의 모습을 좋아해요. 외관적으로 큰 변화를 주지 않는 게 가장 잘 녹아들 수 있는 방법이라고 생각했습니다. 내부는 세련된 느낌의 인테리어로 반전을 주고 싶기도 했고요. 한편으론 이 간판 또한 흔적이잖아요? 그 자체를 기억하는 의미도 있어요. 실제로 은혜수선의 손님들이 반가워하면서 더 자주 찾아주시기도 합니다.

당연한, 그리고 당연하지 않은

카페 흔적에서는 점자 안내판이 준비돼 있어 시각장애인이 음료를 주문할 수 있고 청각장애인도 사장님과 수어로 이야기하며 편하게 공간을 즐길 수 있다. 수어의 날, 세계 여성의 날, 강아지의 날과 같은 잊혀 지기 쉬운 기념일에는 다양한 이벤트를 통해 이를 알리고자 노력한다. 장애인 안내견 뿐만 아니라 반려동물, 어린이, 노약자 등 모두에게 편히 열려있는 공간이다. 또한 카페에서 제공하기 어려운 디저트나 음식들을 가져와 음료와 함께 먹는 것이 가능하다. 우리가 너무 익숙해서 몰랐던 인식들과 불편함에 대해 당연하다고, 또 당연하지 않다고 말해준다.

Q. 점자안내판, 수어를 통한 소통, 락토프리 우유 등 소수를 위한 배려가 가득해요. 실천하게 된 계기가 있으신가요?

당연하다고 생각했어요. 장애인도 당연히 소비자로 생각한다면 점자메뉴판도 있어야하고 수어를 공부하여 소통하려는 것 또한 같은 맥락이고요. 장애인들도 감성카페를 이용하고 싶지만, 실제로 이용할 수 있는 카페가 거의 없거든요. '아예 없는 것'과 '그럼에도 있기'에 희망을 갖는 것은 다르다고 생각해요. 비록 '차별 없는 세상이다, 모두가 마음껏 다닐 수 있다'라고 말할 수 있는 세상이 올지는 모르겠지만, '그래도 우리를 위한 공간이 있네. 살만하다'라는 희망을 드리고 싶어요. 락토프리 우유도 자칫 지나칠 수 있는 유당불내증을 가지고 있는 분들이 편안하게 다양한 음료를 마실 수 있도록 하고 싶은 마음입니다.

Q. 수어의 날에는 수어와 필담으로만 주문하는 등 다양한 캠페인도 함께 하고 있어요. 작은 운동같이 느껴집니다.

소수를 위한 또는 그들이 함께 살아갈 수 있는 세상이 언젠가 열렸으면 하는 마음으로 나부터라도 작게나마 실천하게 된 것 같아요. 제 마음에 항상 그런 부담이 있었어요. 지하철역을 가는데 시각장애인이 길을 잃으신 것 같으면 못 지나가겠는 거예요. 그렇다고 함부로 다가갈 수도 없고요.

미디어를 통해 이런 상황들을 자주 접하면서 그들과 더불어 사는 세상은 왜 없는 걸까? 라는 생각이 들었어요. 그들도 분명 우리와 같이 살아가는 존재인데, 왜 그들이 편히 살 수 없는 세상이 된 건가 싶더라고요. 캠페인도 사실 굳이 안 보여줘도 되는 것이지만, 보여줌을 통해 몰랐던 사람들이 알 수 있게 되고, 조금이나마 관심을 가지면서 '이게 당연한 것'이라고 생각해주셨으면 하는 마음으로 하고 있어요. 작지만 그 움직임으로 누군가가 희망을 얻고, 조금은 더 알 수 있게 된다면 그만한 가치가 있다고 생각해요.

Q. 외부음식 반입을 허용하지 않는 카페가 많은데 이곳에서는 허용하고 있어요.

페어링이라고할까요? 커피에도 어울리는 디저트를 저희가 준비를 하지만 원하지 않은 메뉴일 수도 있잖아요. 또 손님이 커피와 같이 먹고 싶은 디저트가 있을 수 있고요. 제공해드리지 못하는 음식은 직접 가져오셔서 커피와의 페어링을 즐기실 자유를 드리고 싶었어요. 그렇게 하는 것이 곧 저희가 제공하는 음료 또한 100% 즐기실 수 있는 방법이라고 생각합니다.

그럼에도, 희망이 있는

Q. 최근에는 새벽에 문을 열기도 하던데요.

이 곳을 지나가시는 분들이 밝은 거리를 만나셨으면 하는 마음으로 이른 아침 오픈을 간간이 하고 있어요. 이 거리에는 새벽에 여는 곳이 하나도 없거든요. 동트기 직전 쯤, 가로등도 꺼진 시간에는 거리 자체가 굉장히 깜깜해요. 하지만 그 이른 시간에도 하루를 시작하는 분들이 있어요. 출근길, 어두컴컴한 거리 작은 빛을 만난다면 조금은 밝은 하루를 가지실 수 있지 않을까요?

Q. 최근 새로운 커뮤니티 모임을 시작하셨어요.

동네에 자취하는 분들이 굉장히 많은데, 다들 타지에서 오신 분들이라 동네 생활을 같이 할 친구들이 없으시더라고요. 원래 살고 있던 주민들이 먼저 다가가지 않는 이상 다가오기 조금 힘든 것이 타지 생활이라고 생각하고요. 이런 분들을 위해 조금 열려 있는 공간이 좀 필요할 것 같다는 생각이 들었고 그들 간 서로 얘기도 하고 또 뭔가를 하면서 각자 자신에 대해 알고 동네에도 애정을 갖길 바라는 마음으로 모임을 기획했습니다.

Q. 커뮤니티 모임에서는 어떤 활동을 하나요?

'썸띵앤나잇'이라는 큰 주제 아래 매번 다른 활동을 하는 모임이에요. 첫 번째는 디지털 디톡스로 서로 가진 디지털 기기를 내려놓고 자신에게 집중하며 쉬는 시간을 기획해봤어요. 이후 서울향림도시농업체험원에서 피크닉을 하거나, 동네 밤 산책을 같이 하는 활동을 생각해보고 있습니다. 카페를 차릴 당시, 청년들이 모일 수 있는 동네의 사랑방 같은 공간을 만들고 싶었는데, 드디어 그 공간으로서의 역할을 할 수 있게 되어 기대돼요. 나중에는 청년반상회 같은 동네 청년 커뮤니티도 만들고 싶어요.

Q. 카페가 번화가에 있는 것도 아니어서 수익을 내기 어렵지 않을까 해요. 수익보다 공간에 더 많은 의미를 두신 건가요?

물론 경제적인 수익도 중요하죠. 하지만 돈을 버는 공간보다는 희망을 만들어 가는 공간이라고 생각해요. 돈보다는 조금 더 나은 가치가 있고, 그걸 지키고 싶은 마음으로 운영하고 있어요. 물론 아무리 해봤자 크게 봤을 때 세상은 안 변하겠죠. 하지만 자세히 들여다보면 한두 명이 변할 수 있잖아요. 그 한두 명이 또 한두 명으로 연결되고 또 연결되고 하다보면 언젠가 좋은 세상이 되지 않을까 생각해요. 그럼에도 지켜야할 건 지키고 할 수 있는 건 해야 한다고 생각하기에 그 희망을 안고 하는 거예요.

세상엔 그러한 가치들을 지키려고 노력하는 분들이 많아요. 때로는 자신만의 외로운 고군분투인 것 같아 지치시는 경우가 있죠. 저 또한 그럴 때가 있고요. 그럴 때마다 동네의 찾아주시는 손님들이, 점자안내판을 알고 찾아와주신 장애인분들의 고맙다는 작은 한마디가 그럼에도 내가 잘 지켜내고 있다고 희망을 얻게 되는 것 같아요. 그리고 내가 희망을 얻듯 내 행동이 또 누군가의 도전과 용기에 힘을 줄 수 있다고 믿습니다.

Q. 흔적이 어떤 공간이 되었으면 좋겠나요?

크게 두 가지인 것 같아요. 첫 번째는 희망을 주고 그들의 이야기가 흔적으로 남는 공간. 누군가는, 어디에선가는 '우리를 위해 이런 것도 하는구나' 하고 오고 쉬고 즐길 수 있는 공간이 되기를 바랍니다. 두 번째는 앞서 말했듯 동네의 사랑방 같은 공간인데요. 잠시 들렀다 쉬어가는 휴게소가 되기도, 사람과 사람이 만나 이야기를 나누고 교류를 하는 공간이 되어 동네에서의 삶에 즐거움을 줄 수 있길 바랍니다.

아. 차가 주는 따듯한 위로, 찻집 웅차

웅차 ⓒ저널서울 정민구

'차'라고 하면 흔히 조용한 공간 속에서 정해진 절차 아래 다소 정적이거나 때로는 고리타분한 것이라고 생각하게 된다. 어딘가 재밌지 않고 지루할 것 같지만 알고 보면 '나를 중심으로 이루어지는 주도적인 행위'다. 내가 마실 것을, 내 호흡에 맞춰, 내가 우리고 싶을 때 우려내어 따라 마시고 여러 번의 반복을 통해 다양한 변주의 차 맛을 즐긴다. 커피가 영화라면 차는 책이랄까? 누군가의 개입보다는 내가 하는 행위를 통해 나만의 차를 만들어 나갈 수 있다. 내가 무언가를 내 스스로 정하고 해낸다는 행위. 정적인 것이 아닌 가장 주체적인 행위일지도 모른다.

웅차는 이런 차의 매력을 느낄 수 있는 신사동에 위치한 찻집이다. 일반적인 찻집과 달리 차를 직접 우려먹을 수 있도록 찻잎과, 다구, 물 포트를 함께 제공하여 조금 느린 편안한 쉼을 제공한다. 차를 다양한 사람들이 편하게 접하실 수 있도록 다양한 교육 및 행사를 진행하고 있으며 찻잎과 다구도 함께 판매하고 있다. 운영한지 일 년이 조금 지난 지금 웅차에는 동네 주민뿐만 아니라 차의 관심을 가진 이들의 발길이 끊이지 않는다.

다양한 다구들이 맞이하는 찻집 그리고 그 차를 온전히 느낄 수 있는 공간에서 주인장 박정웅 씨를 만나보았다.

차가 가진 매력

Q. 웅차를 차리게 된 배경이 무엇인지?

직장 생활을 하던 중 우전 녹차를 만났다. 내가 흔히 알던 녹차 티백과 너무 달라 충격이었다. 차가 이런 맛이었나 싶었다. 차가 가진 매력에 빠져 이것저것 다양하게 접근하고 공부하기 시작했고 이것을 함께 나누고 싶다는 생각을 하다 보니 어느덧 웅차를 차린 뒤였다. 언젠가는 차 농사를 짓겠다는 생각으로 그에 앞서 다양한 차를 마시고 연구하며 다양한 사람들을 만나면서 차를 다채롭게 공부해야겠다는 마음으로 운영하고 있다.

Q. 차가 가진 매력에 푹 빠진 것 같다. 차가 갖고 있는 특별함이 있다면?

같은 찻잎일지라도 똑같은 원물일지라도 누가 만드는지, 어떤 도구를 사용하는지, 어떤 순간 어떤 온도의 물이 찻잎과 만나느냐에 따라 그 맛은 천차만별이다. 그 나름대로 각각 다 고유의 맛으로 다가오면서 그대로의 나를 존중해준다는 느낌의 진한 위로를 준다. 또한 한 번의 찻잎으로 여러 번을 우려먹게 되는데 매 순간마다 맛과 향이 달라지면서 나타나는 변주가 흥미로운 지점이자, 내가 원할 때 내가 원하는 만큼 우려먹는다는 것이 나에게 주체적인 역할로서 이 행위의 즐거움을 가질 수 있는 것 같다.

편안하고 친근하게 차와 만나는 공간

웅차는 크게 외부를 바라보고 있는 창가 테이블과, 주인장과 마주볼 수 있는 테이블로 구성되어 있으며, 다양한 다구와 차 관련 책들을 만나볼 수 있다. 저마다의 향기를 지닌 찻잎들과 각기 다른 이야기와 문화를 가진 사람들의 매개가 되는 공간을 지향한다.

Q. 공간이 크게 창가를 바라보는 측면과 주인장과 마주보는 테이블로 나뉘어져 있다. 공간의 구성이 특이한데?

전체적으로는 차에 대한 실험실 또는 작업실 같은 컨셉을 가졌다. 단순하게 차를 제공하는 것에서 벗어나 차와 관련된 다양한 작업과 향유가 오가는 공간이길 바랐다. 그 향유의 방식은 다양하기에 크게 두 공간으로 되어있으며, 창가의 자리는 손님이 차와 대면하는 공간이 되어 그 시간을 온전히 즐기기 바라는 마음으로 구성하였다. 마주보는 테이블 같은 경우 큰 테이블 옆에서 차를 준비하는 과정이 이루어지기에 다구들을 편안하게 접근할 수 있게 되어있다. 이것이 매개가 되어 편하게 차에 대해 물어보며 다양한 각도에서 차를 접근하길 바라는 마음으로 구성했다. 이 테이블을 통해 실제로 차에 대한 실험이나 작업을 많이 하기도 한다.

Q. 차를 처음 입문하는 사람들을 위한 기초 클래스부터 전문적인 정규 클래스까지 다양한 프로그램을 제공하는 것으로 알고 있다.

많은 사람들이 차에 대한 선입견에서 벗어나 다양한 부분에서 차의 매력을 느꼈으면 하는 바람이 자연스럽게 녹아난 것 같다. 우리나라 차로 입문을 해서 자연스럽게 한국 차문화에 많은 관심을 갖게 되었는데 분명 한국에도 한국만의 차 종류와 차 농장이 있는데도 불구하고 우리에게 익숙한 건 보이차나 홍차와 같은 외국 차가 아닌가 싶더라.

홍차를 생각하면 스콘과 다양한 밀크티를 생각하게 되고, 보이차나 중국차를 생각하면 일상에서 같이 먹는 음료라고 떠오르는 반면, 우리나라 차라고 하면 다도와 예절 등을 지켜서 향유해야하는 문화로 느껴지기도 하고, 티백을 제외하면 비싸다는 인식 등으로 차를 접하는 것에 대한 문턱이 존재하는 것 같다.

하지만 차라는 것도 사실 다른 여느 마시는 문화와 다르지 않다고 생각한다. 찻잎 또한 커피콩처럼 일련의 과정을 통한 고유의 맛을 가지고 있는 재료일 뿐이기에 그런 측면에서 조금 더 많은 사람들이 이것을 편안하게 향유하면서 차 문화를 관심을 가졌으면 하는 바람으로 프로그램이나 서비스를 구성했다. 커피가 우리나라에 들어오면서 독자적인 하나의 문화가 되었듯이 차 또한 그렇게 발전할 수 있는 분야라고 생각한다.

이웃과 함께하는 삶, 차와 함께하는 즐거움

Q. 찻집이 흔하지 않은 공간인데도, 번화가보다 은평구에 차리게 된 계기가 있는지?

계기는 없다. 당연하게 은평구에서 나고 자란 사람이기에 본능적으로 이곳에 차려야겠다고 생각했다. 가끔 왜 은평구에 차렸냐는 질문을 받을 때가 있는데 은평구에 왜 차리면 안 되는 건가 싶더라. 소중하고 특별할수록 더욱더 우리 동네에 있어야하지 않나? 다 넓은 공간이나 유명한 번화가로 가면 은평구는 누가 지키나?(웃음) 은평구도 은평구만의 특색이 있다고 생각한다. 나는 내 공간이 은평구에 하나의 특색을 더하고 본연의 매력을 가지고 있는 공간으로서 함께 했으면 한다.

Q. 최근에는 차와 문화가 어우러지는 다양한 모임도 열고 있는 것으로 알고 있다. 특히 동네 주민과 함께 협업하여 진행한다는데 시작하게 된 계기는?

꼭 차가 중심이 아닌 차와 함께 '무언가'를 하는 시간을 열어보면 어떨까 싶었다. 와인을 마시며 그림을 그리거나, 커피를 마시며 책 읽기는 되는데 차라고 안 될까 싶더라. 마침 찻집을 운영하며 만난 손님께서 그림책과 관련된 모임을 열고 싶어 하셨는데 공간과 기회가 여의치 않아 고민하시던 것을 보고 함께 이 공간에서 해보는 것을 제안 드려서 모임을 열게 되었다.

차를 마시며 이야기하는 것이 좋은 경험이었다는 게스트들의 응원에 힘을 얻어, 현재는 음악과 차를 페어링해보는 <감정휴식>, 듣고·마시고·쓰는 컨셉의 <차 백일장> 등 새로운 모임을 추가적으로 진행하기 시작했다. 공간으로서도 사람과 사람이 만나는 소통의 의미를 더하게 되어 한 발짝 나아가는 계기가 된 것 같다. 덩달아 동네 주민 분과 함께 우리 동네에서 활동을 한다는 것 자체가 새로운 의미로 다가오면서 지역 내 공동체 또는 함께 활동을 하는 것에 관심을 가지게 되었다.

Q. 은평구에 대한 애정이 큰 것 같다. 지역 사회에도 관심이 많은 것 같은데.

은평구 안에도 정말 다양한 분야의 젊은 청년 사장님들이 많다. 나뿐만 아니라 각자의 특색으로 은평구의 색을 더하고 있다고 생각되는데 이런 사장님들 또는 이런 공간을 함께 향유하는 손님들과의 교류를 통해 좋은 자극을 받으면 어떨까 싶었다. 처음에는 막연한 생각이었다면 모임들을 해보면서 정말 지켜 나갈 수 있는 현실적인 방안을 고민하기 시작한 것 같다. 물론 아직 방안이 생각난 것은 아니다 (웃음)

Q. 차와 함께 갖고 싶은 목표가 있는지?

아무래도 단순하게 차를 만들고 파는 사람을 떠나 차로 다양한 소통을 할 수 있는 사람이 되고 싶다. 이름을 붙이자면 티커뮤니케이터랄까. 차에 대한 접근 성을 낮추고 다양한 변주를 통해 많은 사람들이 즐길 수 있도록 돕고, 올바른 정보 전달로 사람들이 더 관심을 가질 수 있도록 도움을 주고 싶다. 찻집의 측 면에서도 단순히 손님이 많아지는 것이 아닌 차로서의 진정성과 친근함이 더 해지는 공간이 되길 바라며, 은평구에서도 언젠가는 은평구하면 '웅차' 라고 떠오를 정도로 고유함을 가진 공간이 되었으면 한다.

자. 좋아하는 사람, 좋은 음식, 좋은 시간 삼박자의 공간, 서울식 주점 정서울

정서울 ©정서울

은평구 연신내 번화가 반짝이는 거리를 지나 조금 한산한 골목길, 서울식주점 '정서울'이 있다. 안으로 들어서면 만나서 반갑다는 듯 간단한 회 한 점을 비롯한 웰컴푸드가 나온다. 작고 귀여운 모양에 눈이 즐거울 무렵에야 메뉴판이 제공된다. 항정살 구이와 페퍼된장소스, 어향소스 등갈비튀김, 양념새우장 두릅장아찌 기름국수, 구운 대삼치와 바질 파스타 등 처음 접하지만 그 새로운 조화가 맛있게 상상되는 메뉴들과 와인부터 전통주까지 다양한 술들을 만날 수 있고 다른 한편에는 다양한 베이커리까지 마련돼 있다. 무얼 선택해야 할지 잠시 당황할 무렵, 어떤 술과 메뉴를 고르면 좋을지 사장님의 친절한 설명이 이어진다.

예쁘게 나오는 음식에 눈으로 한 번, 새로운 맛에 또 한 번, 예상치 못한 술과 음식의 조화에 또 한 번 놀라는 순간 사장님은 새로운 술을 한 잔 권하며 이야기를 건넨다. 색다른 메뉴와 술 그리고 편안한 공간에 머물다보면 내가 단순히 음식을 먹으러 간 건지, 좋은 공간에서 하염없이 행복한 시간을 보내고 온 건지 모를 정도다. 이 멋진 공간을 만들어가는 서울식 주점 정서울의 정상훈 쉐프를 만나보았다.

평범하지 않지만 조화로운

Q. 서울식 주점이라는 말이 좀 낯설기도 한데요 서울식 주점은 어떤 것인가요?

우리가 어느 지역에 놀러 가면 그 지역의 대표음식을 만나게 되는데요. 전주비빔밥이나 영덕대게처럼요. 서울을 대표하는 음식은 뭘까 생각했는데 서울은 뭔가 하나로 이름 붙일 수 없을 정도로 다양한 면을 가진 지역이더라고요. 그리고 정서울의 음식 또한 어떤 한 분야의 음식이 아닌 서울처럼 다양한 면을 표현할 수 있는 음식이라고 생각해서 서울식이라고 표현했습니다. 다방면의 서울을 보여줄 수 있는 음식이랄까요?

Q. 정말 예상치 못한 메뉴들이 많아요. 양식, 중식도 아닌 하지만 각 고유의 특색 있는 재료들과 향신료로 정서울만의 조화를 만들어내는 것 같습니다. 이런 음식을 시작하게 된 계기가 있나요? 놓치지 않고 중시하는 부분도 있을 것 같아요.

요리를 배우면서 '이 음식은 왜 이렇게 구성되고 왜 이런 맛이 날까' 의문을 갖고 다양하게 공부를 했어요. 재료와 조리법의 특성을 잘 알고 본연의 기본을 지키는 것이 중요하더라고요. 근본적으로 좋은 재료, 정확한 조리법에 대한 이해가 맛있는 음식을 만드는 거죠.

또한 요리사는 새로운 음식을 창조하기보다는 있는 재료와 조리법을 잘 터득하여 그것의 변주를 만들어내는, 재해석을 해내는 사람이라고 생각해요. '어떻게 하면 더 맛있을까'를 고민하다보니 자연스럽게 재료와 조리법을 중심으로 다양한 조화를 고민하게 되었고 새로운 메뉴가 등장한 것 같아요. 그래서 조금 생소하지만 먹어보면 새롭기도 하고 익숙한 듯 거부감 없이 드실 수 있답니다.

Q. 독특하지만 조화로운 메뉴들이 등장할 수밖에 없군요. 술도 종류가 다양해요. 평소에 자주 만나지 못하는 술도 많고요. 어떻게 하다 이렇게 다양한 술을 공급하게 되었나요?

술과 음식을 같이 먹으면서 갖게 되는 궁합, 페어링이 주는 즐거움이 있어요. 고객들이 소주와 맥주 말고도 와인, 막걸리, 전통주 등으로 더 다양한 경험을 해보면 어떨까 싶었어요. 음식도 다양하지만 술도 그에 맞게 다양하게 즐길 수 있게요.

또 술마다 갖고 있는 고유의 바디감과 향과 맛이 좋고 어디서 만들어지고 어떻게 만들어졌는지 등의 스토리가 재미있어요. 이런 것들을 손님들과 함께 이야기하며 나누고 싶었어요. 자신이 먹게 되는 술에 대해 조금 더 알고 마시면 더

재밌는 경험이 되시지 않을까요? 좀 더 잘 설명하고 싶어 최근에는 와인학교를
다니면서 어떻게 술이 만들어지는지 왜 이렇게 만들어지는 것인지 등등 알아
가며 공부하고 있습니다.

맛있는 음식에 더불어 좋은 경험

Q. 맛있는 음식과 즐거운 시간을 보내길 바라는 메시지를 많이 전달하는 것 같아요.

정서울이 단순히 음식을 제공하는 식당이 아닌, 좋고 다양한 경험을 하실 수
있는 공간이 되면 좋겠어요. 사실 우리가 식당에 가서 맛있는 음식을 먹기 위
함도 있지만, 누구랑 언제 어떻게 가서 어떤 서비스와 분위기를 느끼느냐가 그
공간에 대한 기억으로 남잖아요. 좋아하는 사람과 맛있는 음식을 먹고 어울리
는 술을 마시며 즐거운 대화가 오가는 시간. 저희 식당에서 그런 행복한 시간
을 가져가셨으면 좋겠어요.

Q. 좋은 시간을 만들어 내기 위한 노력들이 있다면?

고객과 소통하는 식당이 되려고 많이 노력하고 있어요. 꾸준히 고객들을 관찰
하며 음식에 대한 피드백을 듣고 그것을 반영하면서 개선점을 발견하면 메뉴
를 새롭게 개발하기도 합니다. 자존심을 부리며 내가 하는 것이 옳다고 고집하
는 것도 고객의 시간을 방해한다는 생각이 들더군요. 가끔 더 다채로운 경험이
될 수 있도록 음식과 어울리는 다른 술을 한 잔씩 드리기도 해요. 웰컴푸드를 드
리는 것도 반가운 마음에 드리고, 다 드시고 나가시는 길에도 꼭 문 앞까지 같이
가서 인사드려요. 오시는 순간부터 가시는 순간까지 좋은 경험이길 바랍니다.

Q. 진심을 다하는 공간이라고 느껴져요. 진심이 가닿아 에너지가 되는 순간들이 있나요?

좋은 시간을 만들어줘서 감사하다는 이야기를 들을 때요. 저희의 진심이 전해진 순간이랄까요? 저희 가게를 방문하러 제주도에서 매달 오시는 분도 있고 인천에 사는 분이 저희의 제일 단골이기도 하고요. 여기가 너무 편하고 좋아서 온다고 하는데, 그런 것들이 저희에게 에너지가 되는 것 같아요. 저희도 좋은 시간에 대한 노력이 정말 마음으로 가닿아 관계가 형성되고 친해지니 음식을 대할 때도 더 진심을 담아서 만들게 되고요. 좋아하는 분들께 더 좋은 음식을 드리고 싶은 마음이에요.

꾸준히 함께 가는

Q. 사실 동네에서 만나보기 힘든 레스토랑 같아요. 도심에서 만나게 되는 근사한 음식점이랄까요? 연신내에서도 굉장히 안쪽에 위치하고 있는데 지역에서 운영하기 힘든 점은 없나요?

특이한 메뉴, 다양한 주류가 낯설고 그에 상응하는 가격이 책정되다보니 지역 상권 대비 비싸다는 인식이 있는 것 같아요. 아무래도 은평구는 사람들이 놀러오는 곳이 아닌 일상생활을 하는 공간이니까요. 그럼에도 우리의 가치를 알아봐주고 함께 하는 분들이 많아 그 분들과 계속 함께 하고자하는 마음으로 지속하고 있어요.

Q. 어른들이 즐길 수 있는 코스 요리를 선보이는 '어른이날', 떡볶이와 순대를 파는 '지수분식점' 등 지역 내에서 즐길 수 있는 다양한 팝업행사도 진행하던데 이유가 있나요?

사실 어떤 행사나 이벤트가 있으면 자연스럽게 지역을 방문하게 되고 즐기게 되잖아요. 동네에 공연을 보거나 다양한 행사를 하는 등 문화를 즐길 수 있는 공간이 많이 없는 것 같더라고요. 그 아쉬운 마음이 겸사겸사 놀 거리를 만들면 어떨까 ? 라는 생각으로 이어져 팝업행사를 열기 시작했어요. 저희 음식을 코스로 즐길 수 있도록 하거나, 순대와 와인의 좋은 페어링을 알려드리는 것이 또 좋은 경험을 드리고 싶은 마음과 동일하고요. 추후에는 다른 상점과 협업을 하거나 플리마켓 같은 다양한 이벤트도 생각 중입니다.

Q. 사람들이 이곳에서 좋은 경험을 하면 좋겠다는 마음이 여러 군데서 드러나서 참 좋습니다. 앞으로 꿈이 있다면 어떤 것인지 궁금해요.

원대한 꿈보다는 제가 좋아하는 일을 하루만이라도 더 하고 싶어요. 이런 저런 경험을 하면서 사람의 죽음이 생각보다 쉽고, 사람이 할 수 있는 것도 제한적일 수밖에 없다는 것을 깨달았어요. 만약 제 팔이 잘리기라도 한다면 제가 좋아하는 요리를 못하게 되는 거잖아요. 그런 일 없이 하루하루 소중하게 할 수 있음에 감사하며, 제가 하고 싶은 것을 하면서 살고 싶습니다.

차. 진심이 통할 것이라는 믿음, 비건디저트카페 디오티디(DOTD)

DOTD(디오티디) ⓒ저널서울 정민구

비건빵은 버터, 우유, 계란과 같은 동물성 재료를 넣지 않고 만든 빵이다. 유당불내증이 있거나 밀가루소화알레르기 등으로 고생하는 사람들도 편하게 접할 수 있다는 장점이 있다. 하지만 동물성 재료가 주는 가득한 풍미의 장벽 앞에서 비건빵 도전은 포기하기 쉽다. 어딘가 텁텁하고 덜 고소한 맛을 상상하기 쉽기 때문이다.

역촌동 디오티디는 '비건빵도 맛있다'라는 슬로건을 걸고 다양한 비건 디저트를 파는 카페다. 동물성 재료와 GMO재료, 정제설탕, 방부제와 같은 불필요한 첨가물 대신 유기농 밀가루를 사용한다. 비건빵은 밀가루를 넣었느냐 아니냐에 따라 글루텐 상품과 글루텐 프리로 나뉘는데 글루텐프리 제품은 국산쌀가루, 현미가루, 메밀가루, 병아리콩을 활용하여 재료 본연의 맛과 건강을 담은 디저트를 만들고 있다. 건강도 생각하지만 맛있는 것도 포기할 수 없는 이들에게 이보다 적절한 것은 없지 않을까? 디오티디에서 맛있는 비건빵을 만들고 있는 조경현, 김민경 대표를 만나보았다.

Q. 비건빵 만드는 게 쉽지 않을 텐데 만들 게 된 계기가 있나요?

빵을 워낙 좋아했던지라 빵집 찾아다니는 걸 좋아했어요. 프랑스 신혼여행 중에 우연찮게 비건 빵집을 방문하게 되었는데 생각보다 너무 맛있는 거예요. 동물성 버터나 우유를 넣지 않고도 이렇게 맛있을 수 있구나 싶더라고요. 한국에 와서도 먹고 싶은데 비건빵이 대중화가 되어있지 않아 직접 홈베이킹으로 만들기 시작한 게 지금에 이르렀네요.

Q. 신혼여행 중에 비건빵을 만나셨군요. 맛도 맛이지만 건강을 생각해서 비건빵을 시작한 건 아닌가요?

보통 비건빵을 시작하는 계기가 유당불내증이 있거나 밀가루를 잘 소화하지 못해서 시작하는 경우가 많은데 저희는 그런 경우는 아니에요. 비건빵이 정말 맛있고 이렇게 맛있는 걸 많은 사람들과 같이 먹으면 좋겠다는 마음으로 시작했어요. 그리고 유기견이나 길고양이한테 관심을 많아서 관련 자료를 찾고 공부하다보니 환경, 지구, 동물이 결국 비건 안에서 다 연결되는 걸 알게 됐어요. 비건빵을 만들면서 그러한 가치들을 지키고 싶은 마음도 컸습니다.

Q. 우리의 환경이 비건 안에서 연결된다니 신기해요. 비건빵을 만들면서 겪는 어려움도 있을 것 같은데요.

재료를 구하는 일, 재료가격이 비싼 문제 등이 어려움이라고 할 수 있죠. 비건빵 재료는 동물성 재료보다 수요가 적어 가격이 높은 편이기도 하고 우크라이나 전쟁으로 항공편이 막혀서 같은 재료의 가격이 5배나 오르기도 했어요.

처음에는 재료가 식물성인 것에만 초점을 맞췄다면 공부하면서 점차 재료 공정 과정부터 신경을 써서 좀 더 건강한 재료를 찾고 동물복지를 고려하려고 노력하고 있어요. 하지만 이렇게 점점 더 '비건'에 맞춘 재료로 바꾸다보니 재료비가 높아질 수밖에 없더라고요. 손님들께 이런 현실과 저희 카페의 지향점을 알리면서 그 가격의 밸런스를 맞춰가는 것이 조금 어렵기도 합니다.

디오티디에서는 까눌레와 쿠키를 비롯한 구움과자류, 떠먹는 케이크, 스콘, 브라우니 등 다양한 종류의 빵을 판매한다. 좋은 재료로 맛있는 빵을 만들겠다는 부부의 진심이 닿아서일까. 은평구 골목 사이에 있는 이 작은 빵집에는 부산 등 멀리 사는 분들도 직접 찾아오기도 하고 속초에 사는 고객이 주문하기도 한다. 이외 부모님들의 건강을 고려한 케이크 주문도 자주 들어오는데 특별한 마케팅이나 홍보 없이도 꾸준한 판매량을 보이며 맛있다는 후기들로 가득하다.

진심이 통하는 순간

Q. 힘들기도 하지만 뿌듯한 순간도 있을 텐데 언제인가요?

손님들이 논비건빵보다 맛있다고 하는 순간이에요. 그때 제일 뿌듯함을 느껴요. 특히 저희가 만드는 까눌레는 저희가 먹어봐도 맛있거든요. 또 어머님들이 인정해주실 때 기분이 좋아요. 어머님들이 처음에는 비싸서 안 먹었는데, 딸과 함께 먹어봤더니 너무 맛있어서 꾸준히 찾고 있다고 할 때, 정말 그럴 때면 기분이 좋아요.

Q. 좋은 빵을 만드는 원칙이 있을 거 같아요.

제가 먹어도 맛있는 빵을 만들고 싶기에 재료를 아끼지 않고 가득 가득 넣어 본연의 맛을 내려고 노력해요. 제가 지키고 싶은 가장 큰 가치이기도 하고요. 홍보도 중요하지만 꾸준히 진정성을 가지고 한다면 그 마음이 고객들에게 통할 것이라는 마음으로 운영하고 있어요. 가끔 싼 재료로 해서 이익도 많이 남기고 가격도 싸게 하면 고객님들이 좋아하시지 않을까 고민할 때가 있는데요. 그 때마다 오히려 고객들께서 가격 안내려도 되니 지금처럼만 만들어달라고 하시더라고요. 결국 진심이 가닿는 것을 보며 그 마음 잃지 않고 꾸준히 지켜나가려고 합니다.

Q. 카페가 번화가에 있는 것도 아니다보니 찾는 분이 많이 있을까 걱정이 되기도 합니다.

저희도 자영업자고 이익이 남아야 살 수 있으니까 그런 부분에서 어려움이 있어요. 번화가에서 장사를 하면 워크인이나 새로운 카페에 관심 많으신 분들이 쉽게 접근하여 오시기 마련인데 가게가 은평구에서도 골목 안쪽에 있고 지역 주민들도 주로 번화가로 많이 놀러 나가다보니 한계가 있더라고요. 번화가로 나갈까 고민도 했지만, 생각을 바꿔 '우리가 가는 것보다 우리를 보러 은평구로 오게 해보자'라는 마음을 먹고 운영하고 있습니다. 실제로 멀리서 찾아오시는 분들이 조금씩 생기면서 신기해하고 있어요.

디오티디의 주인장 부부는 은평구에 자리 잡은 4년차 신혼부부다. 처음에는 골목골목이 낯설고 어색했지만 지금은 '이만한 동네가 없을 정도'라 말할 정도로 이 동네가 좋아 이곳에 쭉 정착하며 살아가고 싶다는 마음을 가지고 있다.

이제는 우리 동네가 되어버린

Q. 동네에 애정이 가득한 것 같아요.

살면 살수록 더 좋아지고 있는 것 같아요. 주변에 같이 지내는 이웃주민들도 너무 좋고 북한산이나 진관사도 가깝고 시내나 외곽으로 나가기에도 편하고요. 이제는 고향에 갔다가 다시 돌아올 때 은평구라는 글자를 보면 '우리 동네에 왔다'는 안정감이 들 정도에요. 집이 마련되면 은평구로 아예 정착을 하고 싶어서 집도 이쪽으로 계속 알아보고 있어요.

Q. 불광천변 음식점 '우주'에서 열린 플리마켓에도 참여한 것으로 알고 있어요.

'우주' 사장님이 먼저 제안해서 흔쾌히 참여하게 되었어요. 지역 내에서 다양한 상점들이 협업하여 작은 당일 축제를 여는데 저희도 함께 할 수 있다는 사실에 너무 즐겁더라고요. 이런 행사들이 점점 많아지면서 은평구가 조금 젊어지고 서로 소통하며 살아갔으면 좋겠어요. 은평구의 매력을 느낀 분들이 오래오래 같이 있으면서 지역 내에서 함께하기를 바랍니다.

Q. 은평구의 매력에 흠뻑 빠진 모습이 보기 좋은데요, 앞으로 바람이 있다면 무엇인가요?

매출이 많아져서 돈을 더 많이 버는 것 보다는 꾸준히 오랫동안 감사한 마음으로 일하고 싶어요. 한 분이 오시더라도 '재료를 아끼지 않고, 빵을 양심적으로 만들어서 판매하는 빵집'이라는 사실을 느끼고 가셨으면 좋겠습니다. 내가 지키려는 가치와 진심이 통하기를 그리고 그런 분들이 서로서로 알게 되어 저희 가게를 방문하는, 그런 작지만 알찬 가게가 된다면 행복할 것 같아요.

한편으론 빵 관련 카페와 같은 커뮤니티에 은평구 빵집하면 다들 연남동이나,

홍대로 가라고만 할 뿐, 은평구와 관련된 이야기들을 찾기가 힘들더라고요. 저희가 은평구의 맛있는 빵집이 되어 한 자락의 도움이 되었으면 좋겠어요. 그러면서 동네 손님들도 많이 찾아오시는 공간이 되기를 바랍니다.

카. 오뎅 우동에 맥주 한 잔, 따뜻한 위로와 사랑 한 스푼, 심야식당 아오바

아오바 ⓒ저널서울 정민구

긴 하루를 보내고 퇴근하는 길, 요란함과 왁자지껄은 내려놓고 소박한 밥 한 끼와 맥주 한 잔이 고픈 날이 있다. 조용한 공간 속 나에게 집중하고 또 그런 공간에서 만난 사람들과 함께 한 두 마디 나누는 것 자체가 따뜻한 위로가 되곤 한다. 도시 속 나도 모르게 소모된 하루의 끝자락, 그렇게 한 공간에 잠시 두어놓으며 채워가는 시간. 갈현동에 위치한 이자카야 '아오바'에는 그런 시간이 있다.

세 평 남짓, 총 여덟 좌석 남짓 작디작은 심야식당 아오바에는 사람 냄새가 가득하다. 홀로 즐기러 온 사람은 가볍게 주인장과 이야기를 하며 하루를 마무리하기도 하고, 삼삼오오 모인 사람들은 자신의 속 깊은 이야기를 나누며 친구가 되기도 한다. 때로는 사람들이 함께 춤추는 공간이 되기도 하며, 다 같이 노래를 부르며 하루를 마무리하는 작은 파티룸이 되기도 한다. 그렇게 아오바에는 많은 손님들의 흔적과 이야기가 켜켜이 쌓이고 있다. 손님들은 사장님을 보러, 친구를 만나러, 때로는 사랑과 위로를 받으러 이곳을 방문한다.

본인의 이름 '새잎'을 의미하는 '아오바(あおば)'에서 주인장 원새잎은 어떤 꿈을 꾸며 이 작은 골목, 작은 불빛으로 골목을 비추는 사랑방을 운영하고 있는 걸까? 그녀를 만나 따스한 이야기를 나눠보았다.

따뜻한 불빛을 머금고

Q. 아오바에 대해 소개해 주세요.

아오바는 갈현동 작은 골목에 위치한 심야식당이에요. 솜씨네라는 작은 수선집이었던 공간을 리모델링하여 운영한지 막 일 년이 지났습니다. 초반에는 이른 낮부터 밥집, 카페, 술집을 다 함께 하다 지금은 이른 저녁부터 심야까지 여는 작은 이자카야로 운영하고 있어요. 여느 일본 드라마에 한 장면처럼 맥주 한 잔에 오뎅 우동 한 그릇하고 집에 가는, 가볍게 먹고 가볍게 갈 수 있는 메뉴 구성으로 다양한 잔술과 함께 든든한 식사 메뉴, 간단한 술안주를 팔고 있어요. 모두에게 따뜻하고 위로가 되는 공간이길 바라며 운영하고 있습니다.

Q. 리모델링이라기엔 아주 조금 변한 것 같아요. 간판도 그대로, 공간의 문과 공간 모양도 그대로입니다. 그럼에도 아오바만의 색깔이 선명한 것 같아요.

이 공간을 처음에 만난 순간, 운명처럼 이곳에서 꼭 해야겠다는 생각을 했어요. 세 시간쯤 고민했을까, 바로 계약했죠. 오래된 느낌과 빈티지한 것을 좋아하다 보니 이 공간을 최대한 살려서 하는 게 더 멋스러울 것 같더라고요. 큰 공사 없이 카펫 정도만 깔고 간판도 페인팅으로 이름만, 타공도 셀프로 진행했어요. 일본의 아기자기한 주방 느낌을 담아 소품과 집기들을 채워 넣으며 공간을 꾸몄습니다. 지금은 손님들의 방명록과 사진들로 아오바의 색이 더 진해지고 있습니다.

Q. 공간에서 찍은 손님들의 사진이 모여 한 쪽 벽을 이루고 있어요. 어르신부터 중고등학생 친구들까지 남녀노소 모두의 얼굴이 반갑게 담겨있습니다.

평소 가게 앞에 있는 평상에 앉아 있어요. 햇볕이 따듯하게 들거든요. 앉아 있으면서 지나다니시는 사람들 구경도 하고, 어르신이나 귀여운 학생들을 보면 반갑게 인사하고 안부를 나누곤 했어요. 평상 앞에 계시면 사진을 찍어드리기도 하고 간단한 디저트도 나눠먹으면서 자연스럽게 모두가 향유할 수 있는 편안한 공간이 된 것 같아요. 할아버지 할머니를 워낙 좋아하기도 하고, 어린 친구들도 좋아서 모두가 올 수 있는 정겨운 공간이었으면 하는 바람도 있었고요. 이자카야로 바뀌면서 학생 친구들이 이용하지 못하게 되어 아쉽지만, 커서 오라고 말하면서 위로하고 있어요(웃음).

Q. 밤이 되면 작은 골목에서 은은한 빛을 내뿜으며 골목을 비추고 있습니다. 영화 심야식당이 생각나요.

딱 그 심야식당 같은 공간을 생각했어요. 제가 일본에 두세 달 정도 있었던 적이 있는데, 그때 자주 가던 술집에서 받았던 따듯함을 잊어 못해요. 항상 혼자 외국인이었는데, 가면 단골 할머니분이 본인의 음식을 조금 덜어서 내밀기도 하고 편하게 말을 걸어주시기도 했어요. 계속 있다 보면 하나둘 손님들이 오면서 그 안에서 모두가 친구가 되더라고요. 퇴근하고 혼자 오신 분이 맥주 한 잔에 덮밥 한 그릇 편안하게 먹으면서 하루를 마무리하기도 하고요. 그 문화가 너무 좋았어요. 제가 운영하는 공간도 그런 공간이길 바라는 마음이 자연스럽게 드러나는 것 같아요.

사람 냄새 가득한 공간에서

Q. 아오바에서는 손님과 손님이 친구가 되기도 하고, 사장님과 친한 단골이 되기도 하면서 이 공간을 사랑하는 사람들이 하나가 되고 있는 것 같아요. 서로가 서로에게 위로가 되고 사랑이 되는 아오바의 매력이랄까요?

손님이 오시면 작은 서비스와 함께 한마디 말을 건네면서 이야기를 나누곤 해요. 그렇게 마음의 벽이 허물면서 편하게 대화를 하게 되고 자연스럽게 옆 손님과도 이어지곤 합니다. 제가 음식을 하느라 바쁜 순간에는 손님이 손님을 응대하기도 하고, 손님 간의 새로운 만남이 이어지기도 하고 때로는 그들끼리 가까워지기도 하면서 공간에 추억과 경험이 쌓이고 있어요. 그리고 자연스레 그런 것들에 공감하고 함께 하고자 하는 사람들이 점점 모이게 되는 것 같아요. 저 또한 그런 시너지에서 즐거움을 느낍니다. 물론 혼자만의 시간을 즐기러 오신 분들도 충분히 향유하실 수 있도록 조율하려 노력하고 있어요.

Q. 아오바가 사람들에게 어떤 공간이길 바라나요?

아오바라는 도화지에 어떤 색을 칠해도 상관이 없으니 어떤 것이든 저에게 영향을 주고, 흔적을 남기고 가시길 바라요. 그게 방명록 쓴 일기여도 좋고, 저와 나누었던 대화여도 좋거든요. 책을 읽거나 대화를 하거나 눈물을 흘리고 가셔도 좋아요. 서울이라는 도시가 낯설고 외로울 때가 있는데, 그럴 때 오셔서 조용히 있다 가셔도 좋으니 제가 그 곁에 있었으면 하는 바람입니다.

Q. 사실 누군가와 소통하고 새롭게 인연을 쌓는 것이 쉽지 않은 요즘, 적당한 거리 속 사람들과 이야기하며 새로운 추억을 쌓고 교류하는 공간이 소중한 것 같습니다.

저는 원래 청주 사람인데, 서울로 직장을 잡아 올라오면서 친구가 많이 없었어요. 이런저런 커뮤니티 참여해 보고했지만 너무 인위적이라는 느낌이 들더라고요. 동네에서 편안하고 자연스럽게 친구를 만나거나 또는 친구 같은 역할을 해줄 수 있는 공간이 있길 원했어요. 아오바가 친구가 줄 수 있는 편안함과 따뜻함, 위로와 용기 같은 것들을 줄 수 있으면 좋겠다는 마음이에요. 말을 건네는 것도 그런 마음에서 시작했고요.

한 분 한 분 말을 건네기 시작하면서 손님들도 또다시 저를 보거나 저희 공간을 즐기러 오시게 되고 이렇게 점점 사람 간 나누는 마음이 모여 지금의 아오바를 만들어가는 것 같아요. 때로는 친구나 진짜 아는 사람보다 남한테 이야기할 때가 더 편할 때 있잖아요. 가령 제주도 게스트하우스에 방문했을 때처럼요. 저희 공간도 서로 이야기를 나누며 시원한 마음과 위로, 공감이 되는 시간이길 바라요.

함께 하는 즐거움 속에

Q. SNS에 올린 단골손님들과 찍은 춤 동영상도 화제에요

처음 시작은 우연히 댄스 선생님이 손님으로 오셔서 춤 동영상을 찍고 싶다 했더니 흔쾌히 춤을 알려주셔서 단골손님들과 함께 다 같이 찍었습니다. 동영상이 화제가 되면서 아오바 홍보도 많이 되고 사람들도 재밌어하시더라고요. 그 이후에도 꾸준히 단골손님들과 동영상을 찍고 있어요. 너무 재밌습니다. 아오바만의 이야기를 차곡차곡 쌓는 느낌도 들고요. 요즘에는 유튜브에서 한참 유행했던 술 먹고 노래 부르는 콘텐츠인 이슬라이브를 기획 중이에요. 기대해 주세요.

Q. 이외에도 단골손님들과 1주년 파티, 바자회 등 즐거운 이벤트를 하시는 것을 보았어요. 사람들과 함께 어울리며 다양한 활동을 즐기는 것 같습니다.

바자회는 동네 사람들과 함께 어울리고 놀 수 있는 자리가 되길 바라는 마음으로 안 쓰는 물건들을 모아 기부하는 형태로 진행했습니다. 정말 많은 물건들이 모이고 손님들도 많이 참여해 주시면서 생각보다 큰 금액을 기부할 수 있었어요. '아오바 친구들'이라는 이름으로 기부했답니다. 뜻깊고 보람찬 행사였어요.

1주년 파티도 단골손님들께 감사한 마음을 보답하고 서로에게도 좋은 친구가 되면 어떨까 싶어 진행했습니다. MT 콘셉트로 게임도 하고 술도 마시면서 즐겁게 다녀왔습니다. 봄에도 축구, 피구, 줄다리기 등 어린 시절에 했던 느낌 가득한 체육대회를 개최해 보려고 합니다. 매일 똑같은 일상 속 새로운 즐거움이 있으면 좋잖아요? 사람들과 함께 이런저런 교류와 즐거움을 나눌 기회를 꾸준히 생각 중입니다.

Q. 사람과 함께 하는 즐거움이 아오바의 핵심인 것 같아요. 아오바는 어떤 꿈을 꾸고 있나요?

아오바 브랜드를 만들고 싶어요. 지금은 탄탄하고 귀여운 앞치마 제작을 고민 중인데요. 나중엔 귀여운 굿즈들도 많이 만들고, 사업적으로도 다양한 방면으로 뻗어나가고 싶어요. 지금의 아오바라는 공간은 어른들의 놀이터이자 사랑방이었으면 좋겠어요. 모두가 편안하고 즐겁게 놀다 가면서 사랑도 얻어 가고 친구도 얻어 가는 공간이었으면 좋겠습니다.

타. 막걸리의 새로운 지평, 온지술도가의 단양주 혁신

온지술도가 ©저널서울 정민구

과거 막걸리는 보통 주막이나 잔치에 서 많이 마시던 술이었다. 손님이 끊임없이 모여드는 공간의 특성상 오랜 시간이 걸리는 증류 소주나 여과 과정이 많은 약주보다는 빠르게 많이 만들 수 있는 막걸리가 제격이었다. 막걸리는 많은 사람들이 가볍게 즐기며 함께 술잔을 나눌 수 있는 우리 곁의 친숙한 술로 기억되고 있다. 이와 달리 양반가에서는 먼저 밑술을 빚 은 뒤 발효된 밑술에 덧술 작업을 거쳐 술을 만들었다. 이 과정의 횟수에 따라 이양주, 삼양주, 사양주 등으로 나뉜다. 현대에 와서 많은 양조장에서는 대부분 이양주로 술을 빚는다.

불광동에 위치한 양조장, 온지술도가에서는 그 시절 우리의 주막처럼, 단양주 방식으로 이양주, 삼양주 못지않은 달콤하고 산미 가득한 탁주를 만들어낸다. 현대의 기술과 환경을 활용하여 단양주만의 고유한 맛과 향을 자아낸다. 온지술도가에서 만든 레몬이 들어간 '온지 몬'은 2023년 우리 술 품평회에서 소비자 인기 투표 대상을 수상하기도 했다.

은평구에서 수년간 요식업을 운영했던 김만중 대표는 한식과 맛있는 술의 조화를 즐길 수 있는 주막 문화를 실천하고자 직접 술을 배워 경복궁 인근에 서촌주막을 열게 되었고 이후 막걸리 제조에 전념하고자 다시금 은평에서 온지술도가라는 이름으로 양조장을 시작했다. 그는 어떻게 단양주로 프리미엄 막걸리의 새로운 지평을 열고 있는 것일까? 온지술도가의 술 빚는 이야기를 들어보자.

옛 것을 익혀 현대에 맞게 재해석

Q. 온지술도가에 대해 소개 부탁드린다.

온지술도가는 맛있는 술을 빚는 곳이라는 뜻을 가진 '온지(醞旨)'와 옛 것을 익히고 새 것을 안다는 '온고이지신(溫故而知新)'의 뜻을 갖고 옛 술을 현대에 맞게 재해석하고 디자인하는 양조장이다.

첫 제품을 출시한지 1년이 지난 현재, 기본 탁주 두 종류와 부재료가 가미된 탁주인 온지시리즈 네 종류를 판매하고 있다. 6년 전 주막 문화를 실천해보고자 직접 빚은 술과 페어링 안주를 제공하는 '술익는 서촌주막&양조장'을 운영했다. 주막이라는 이름답게 과거 주막에서 그랬던 것처럼 단양주로 술을 빚어 막걸리를 판매했고 불광동으로 이사하면서 본격적으로 양조장을 설립하여 술을 빚고 있다.

Q. 온고이지신이라, 실제로 어떤 측면에서 옛 것과 새 것의 조화를 추구하는지?

술 빚는 방식은 옛 것을 그대로 따르지만 빚는 과정은 전통 방식과 다른 점이 많다.

술을 빚을 때 누룩을 활용하는 것은 동양권에만 있는 술 빚는 방식으로 효소와 효모가 같이 들어있어서 당화와 발효가 함께 진행되는 유일한 방식이다. 코지라는 일본식 누룩을 사용하는 경우도 많지만 온지술도가에서는 한국식 전통 누룩을 사용하고 있으며 오로지 쌀과 누룩, 정제수만을 넣어 술을 빚는다.

빚는 과정은 전통 방식과 다른 점이 많다. 누룩을 가지고 술을 빚을 때는 외부 환경에 균도 많고 소독에도 한계가 있어 누룩이 오염이 되기 쉬웠다. 그렇다 보니 밑술을 만들어 점차 양을 늘려가는 방식으로 성공 확률을 높이는 가양주 문화가 발달할 수 밖에 없었고 이양주·삼양주가 명주로 많이 불리게 되었다.

Q. 누룩이 오염되기 쉽다는 건 그만큼 만들기 어렵다는 의미인 거 같다.

현재는 오염원들을 통제할 수 있는 환경이어서 단양주로도 맛있는 술을 만들어 낼 수 있다. 최대 3개월까지 아주 천천히 발효를 시키는 과정을 통해 단양주의 특별한 개성을 만들어내고 있다. 또한 효모의 특성을 더 잘 활용할 수 있는 방식을 채택하고 있다. 효모는 혐기성이라 발효할 때 공기중의 산소를 필요로 하지 않기 때문에 숨쉬는 항아리보다는 산소를 차단할 수 있는 스테인레스 용기를 활용하여 술을 빚는 것이 더 효과적이다.

과거에는 온도를 일정하게 유지하기 어려운 특성상 25도에서 주로 발효시키는 것이 통용되었으나 효모가 훨씬 낮은 온도인 15도에서도 살아있으며 오히려 저온에서 다양하게 자극을 받으면 발효하게 되면 더 맛있는 술을 만든다는 것을 알게 된 후로 온지술도가에서는 저온에서 장기간 발효하는 방식을 적용하고 있다.

Q. 단양주, 그것도 오래 발효한 단양주가 다른 방식으로 만들어진 술과 어떤 차이가 있는지?

고유한 단 맛과 산미가 함께 살아있는 것이 가장 큰 특징이다. 짧은 기간 발효한 단양주은 당화가 빨리 되고 잔당이 없다 보니 인공감미료를 넣어 단맛을 내게 된다. 하지만 오랜 시간 천천히 발효시킨 온지술도가의 단양주는 발효기간이 긴데도 불구하고 잔당이 있어 단 맛과 산미가 조화롭게 어우러진다. 따라서 어울리는 음식과의 조화없이 술 자체만을 즐기더라도 질리지 않고 마실 수 있다. 또한 미생물은 살아있는데 발효는 끝나가는 상태이다보니 거품이나 탄산이 많이 나오지 않고 효모와 효소가 아직 살아있어 좀 더 숙성시킨 후에 먹는 것도 가능하여 색다른 맛을 경험할 수 있다.

변화하는 시대 맞춰 새로운 시도

Q. 약주와 소주 등 주종을 다양화하고 있는 것으로 알고 있다.

탁주 측면에서는 기존의 시그니처 탁주인 서촌막걸리 12도와 15도를 기반으로 다양한 부재료들이 들어간 탁주 온지시리즈를 작년부터 판매 중이다. 이외에도 매번 다르게 빚어낸 누룩을 사용, 매월 새롭게 출시되는 약주인 월간 온지가 있다. 화이트 와인과 비슷한 느낌을 전해 주는 쌀로 만든 맑은 술로 특유의 시트러스함으로 어울리는 음식과 조화를 이루기 좋다. 이후에 두 종류의 증류 소주도 오픈 막바지에 있다. 모두 단양주인 것은 동일하다.

온지시리즈 중 '온지몬'이 '2023 대한민국 우리술대축제' 우리술 품평회에서 소비자 인기투표 대상을 받았다. 색다른 형태의 탁주, 온지시리즈가 각광을 받고 있는 듯 하다. 온지시리즈는 최근 젊은 친구들의 술에 대한 관심도가 높아지는 것을 바탕으로 그들의 스타일에 맞춰 기존 탁주를 기반으로 새롭게 도전한 술이다. 쑥, 오미자, 솔, 레몬을 부재료로 활용하여 총 네 가지 종류로 출시했다. 소비자들이 출품된 많은 술들을 직접 마셔보고 투표하여 선택된 것이라 너무 감사한 마음이다. 어떠한 인증이나 서류 상의 가산점 없이 오롯이 맛으로만 승부한 느낌이라 더욱더 값진 상인 것 같다.

Q. 온지시리즈의 모든 술들이 부재료의 맛과 향을 가득 담고 있다. 다양한 측면에서 노력이 필요했을 것 같은데?

주세법상 쌀 대비 부재료가 20% 미만으로 들어가야 하는 상황에서 충분한 맛을 내기 위해 다양한 방법을 고안하던 끝에 처음부터 발효를 같이 하지 않고 가수할 때 투입하여 부재료의 맛이 살아 있도록 했다. 또한 왁스나 방부제가 없는 제주도 레몬을 껍질째 넣고 솔순을 제철에 채취해 만든 효소를 1년여 정

도 숙성시켜 사용하는 등 여러 가지 방법을 통해 부재료들의 풍미를 확실하게
끌어낼 수 있도록 노력했다.

주막 문화가 있는 동네를 꿈꾸며

**Q. 최근 다양한 양조장과 한국 술이 생기면서 로컬을 비롯한 다양한 지역 중심의
이야기를 나오고 있다.**

좋은 방향이라고 생각한다. 다만 진정한 형태로 술이 지역화가 되려면 지역 내
에서 지역의 특산물을 활용해 생산되고 소비되는 것이 이상적이지만 사실 지
역 외의 재료를 함께 활용함과 동시에 판매도 외부까지 함께 고려해야할 수 밖
에 없는 구조. 어쩔 수 없이 함께 가져 가야할 부분이라고 생각하며 술을 빚
어내는 2차 가공과 생산은 지역 내에서 직접 하되 지역 내에서 조금이라도 소
비가 되는 형태가 되면 좋지 않을까 생각한다. 가령 어렸을 때 할머니 심부름
으로 주전자를 들고 막걸리 파는 곳에 가서 직접 받아왔던 것처럼 로컬 푸드와
함께 지역에서 움직이는 시스템은 어떨까? 포장재나 봉투를 쓰지 않고 직접
용기를 가져가서 구매하는 방식을 고민해 볼 수 있겠다.

Q. 지역의 다양한 축제에 참여하는 모습을 보았다. 특별한 이유가 있는지?

구파발역 인근에서 진행한 '은평꽃장'에 참여하기도 하고 최근에는 서울혁신파
크에 위치한 '카페 쓸'에서 진행한 '쓸어담장' 행사에 페어링 음료로 참여하기도
했다. 이후에도 가능한 여러 행사에 적극적으로 참여해 지역의 대표적인 술로
알려지고 싶다. 은평에서 산 지 16년이 넘어가고 있는 주민으로서 은평은 나에
게 제2의 고향과 같은 곳이다. 은평구가 가진 매력을 좋아한다. 양조장을 만들
때 다시금 은평구로 온 것도 같은 맥락이다. 아파트보다는 기존 주택가가 많아

사람사는 곳 같기도 하고 아이들이 함께 뛰노는 골목 있는 정겨운 문화가 좋다. 이러한 동네에서 다양한 양조장을 기반으로 한 주막 문화의 가능성에 대해 생각한다. 은평구의 지원을 통해 첫 양조장 '라이스그루브'가 생기는 등의 움직임을 보이고 있지만 더 넓은 방면으로 지원이 확대된다면 양조 산업의 성장과 더불어 주막 문화를 실현할 수 있는 좋은 터가 될 수 있을 것이다. 성수동에서도 구청 차원의 다양한 지원을 통해 공장을 비롯한 올드패션을 기반으로 양조장 문화가 형성되면서 양조장 협의회가 만들어지기까지했다. 은평에서도 충분히 가능성하다고 생각한다.

Q. 어떤 측면에서 그 가능성을 엿보았나?

양조장의 경우 다른 업종과는 달리 작은 공간만 있으면 충분히 들어설 수 있는 제조업장이다. 은평은 작은 골목들이 많은 지역의 특성상 소규모 양조장이 들어오기에도 괜찮은 지역이다. 또한 역촌동, 구파발 등 과거 은평은 조선시대 관문 역할을 하는 지역으로 한양에 당도하기 전 하루 쉬었다가 가는 길목에 해당한다. 역전에 해당해 여관과 주막이 많아 실제로 주막문화가 꽃피우던 지역이었다. 이렇듯 지역이 과거부터 갖고 있던 역사성과 지역 특성을 바탕으로 충분히 양조사업과 주막 문화를 만들어낼 수 있다고 생각한다. 라이브그루브와 온지술도가, 더 나아가 몇 개의 양조장들이 더 생긴다면 지역 내에서 전통주 축제를 할 수도 있고 양조장들과 함께 행사를 열어 주막 문화도 담아낼 수 있지 않을까. 그리고 그러한 모습이 은평구의 새로운 로컬 브랜드로 자리잡을 수 있을 것이라고 기대한다.

Q. 은평과 술, 이와 관련된 다양한 측면에서의 가능성을 고민하고 있는 것 같다.

은평의 대표적인 술로 알려졌으면 하는 바람이다. 행사를 할 때나 선물 시즌에도 지역 주민들이 많이 찾는 상품으로 자리매김했으면 한다. 그렇게 되고자 여러 방면으로 홍보할 방안을 고민하고 있다. 또한 은평의 지역 술로서 한발 더 다가가고자 북한산을 모티브로 한 술을 내년쯤 새롭게 선보일 예정이다.

Q. 온지술도가의 최종 꿈이 있다면?

전통 누룩과 쌀, 정제수만을 사용하여 다양한 종류의 술을 만들어냈다. 탁주, 약주, 소주를 넘어 쌀 위스키까지 마지막으로 도전해보고 싶다. 온지술도가의 술이 대한민국을 대표하는 단양주의 명가에서 빚어낸 산미 좋은 술의 대명사로 불리워지길 바란다.

파. 먹으면 복이 오는 쌀국수 한 그릇, 동남아음식점 수국쌀복

수국쌀복 ⓒ저널서울 정민구

노란 바탕에 수국쌀복, 네 글자가 빨간 글씨로 도장처럼 찍혀있는 간판과 그 앞에 놓여있는 알록달록한 간이의자들. 어딘가 촌스럽지만 정감 가는 인테리어에 슬며시 새어 나오는 진한 고기 육수 향에 홀려 앞을 서성이다 보면 무엇을 파는 공간인가 싶은 궁금증을 자아낸다. 우리네 국밥같이 편하게 만나는 한 그릇을 만들고 있다는, 수국쌀복. 과연 어떤 음식을 팔며 행복을 나누고 있는 걸까? 동남아 현지의 맛을 우리에게 맞게, 더 진정성 있게 만들고 있는 이진복 대표를 만나보았다.

먹으면 복이 와요

Q. 수국쌀복, 무엇을 파는 공간인지 궁금해지는 이름이에요.

수국쌀복, 이름이 특이하죠? 복쌀국수를 거꾸로 말한 거랍니다.(웃음) 수국쌀복은 쌀국수와 비빔국수를 중심으로 곁들임 메뉴까지 함께 판매하고 있는 동남아 음식점이에요. 오픈한 지 햇수로 3년이 넘어가네요. 동남아 음식을 한국적으로 풀어보고 싶은 마음으로 시작하게 되었습니다. 국밥처럼 먹을 수 있는 서울식 쌀국수를 만들고 있어요.

Q. 복쌀국수와 가게 여기저기에서 보이는 '먹으면 복이 와요'라는 캐치프레이즈까지, 복을 중요하게 여기는 것 같아요.

어머니께서 항상 음식을 대하는 태도에 대해서 말씀해 주셨어요. 건강하고 올바른 음식을 만들고 드신 분들이 다 잘되기를 비는 마음으로 음식을 하라고 하셨죠. 지금 저에게 있어 음식을 대하는 가장 중요한 마음가짐이에요. 그 마음 가득하게 담아 운영하고자 '먹으면 복이 와요'라는 캐치프레이즈로 내걸게 되었습니다. 먹으면 복이 오는 음식, 그런 음식을 만들고자 '복'과 '쌀국수'를 고르고 조금 재미를 곁들여보면 어떨까 해서 거꾸로 불러보니 재미도 있고, 그렇게 복이 가득한 공간을 소망하며 꾸리고 있습니다.

Q. 드신 분들이 다 잘되기를 비는 마음을 담아서 만든다는 말씀이 참 따뜻하게 와닿는데요. 요식업은 언제부터 하셨나요?

갓 군대에서 제대한 무렵, 친한 누나가 이태원 경리단길에서 시작한 베트남 음식점을 도우면서 시작했어요. 그때만 해도 동남아 음식이 생소할 때였죠. 누나가 해외에 가서 배워오면 같이 메뉴를 개발하고 변경하면서 열심히 운영했던 것 같아요. 생각보다 장사도 잘되고 맛도 있고 즐거웠어요. 다른 동남아 음식점들의 개업을 도와주기도 했습니다. 이후 한식, 양식 다양하게 경험했지만 동남아 음식을 가장 잘하고 가장 오래 했네요. 그 기반이 지금의 수국쌀복을 만들었고요.

국밥 같은 쌀국수

Q. 국밥처럼 먹을 수 있는 서울식 쌀국수라, 한국에서 쌀국수를 국밥으로 생각하긴 쉽지 않은데요. 이러한 쌀국수를 생각하시게 된 계기가 있나요?

동남아에서는 우리가 국밥 먹듯 먹는 음식이 바로 쌀국수에요. 뭇국처럼 색도 연하고 맑은 경우가 많죠. 하지만 한국에서 제공하는 쌀국수는 향이 세다 보니 특별하게 먹는 음식으로 인식되지 않았나 싶더라고요. 국밥처럼 일상의 식사로 쌀국수를 만날 수 있도록 제공하고 싶었어요. 매일 먹을 수 있도록 향신료를 줄이고, 볶는 과정 등을 통해 적당한 향을 살리면서 국에 밥 말아 먹는 듯한 느낌을 담았어요. 실제로 저희가 먹으면서 밥을 시도해 봤더니 맛있어서 밥으로도 제공하고 있습니다.

Q. 쌀국수, 비빔국수, 돼지 덮밥까지 메뉴의 이름들이 상당히 직관적이에요. 수국쌀복만의 음식이랄까요?

특정 국가의 음식이 아닌 동남아 여러 국가의 다양한 특징들을 조합해서 만들어진 음식이라 딱 어느 국가 스타일이라고 말하기가 어렵더라고요. 비빔국수도 분짜와 비슷하지만 조금 다르고 볶음국수도 팟타이와 비슷하지만 조금 다릅니다. 태국, 베트남, 말레이시아 등 다양한 동남아 국가에서 만났던 맛들을 기반으로 한국인의 입맛에 맞게 만들고자 했어요.

대신 메뉴 이름과 설명을 다 풀어서 작성해 어떤 메뉴든 충분히 상상하실 수 있도록 했습니다. 또한 직관적인 만큼 특정한 경계에서 벗어나 수국쌀복이라는 이름 안에서 다양한 동남아 메뉴를 카테고리로 넣을 수 있게 되는 것 같아요. 가령 베트남 가서 만났던 짜조의 맛을 새롭게 수국쌀복 스타일로 만든 '월남후라이'처럼요.

Q. 공간의 분위기도 특이해요. 동남아 어딘가에 있을 것 같으면서 한국 노래가 흘러나오는 공간인데요. 동남아와 한국의 조화랄까요?

메뉴처럼 동남아의 분위기를 한국의 정서에 맞춰 구성하게 되었네요(웃음). 동남아 이곳저곳을 다니면서 그때 마주했던 느낌들을 살리고 싶었어요. 현지에 가면 길거리와 시장 같은 공간에서 흘러나오는 음악들과 분위기가 되게 정겨운 분위기가 나거든요. 그 분위기를 원해 노래도 찾아보고 했지만 도저히 모르겠더라고요. 손님들에게 동일하게 느껴질까 싶기도 했고요.

그 정서를 그대로 가져오는 대신 한국의 정겨움, 레트로를 담아 공간을 구성했어요. 베트남 시장에서 마주한 분위기로 인테리어를 하고 정겨움을 서울의 레트로 시대, 80년대로 잡고 그때의 음악들이 흘러나오도록 했습니다. 그곳에서 느낀 정서를 한국에 맞게 표현하고자 했던 거죠.

동네에서 함께하는 재미

Q. 이곳에 자리 잡게 된 계기가 있나요?

4년 전쯤 은평구로 이사를 왔어요. 새롭게 일을 할까, 가게를 낼까 고민하면서 쉬고 있던 와중 동네에서 좋은 공간들을 만났습니다. 최근까지 있던 카페 러브원어나더, 그리고 술집 우주였죠. 나잇대가 비슷한 사장님들이다 보니 친구처럼 지내면서 동네 생활을 즐겼어요. 그런데 즐겁게 논 다음날 해장할 곳이 없는 거예요. '그렇다면 내가 해장을 담당해 보면 어떨까?'하며 시작하게 됐습니다. 우주도, 있었던 러브원어나더도 다 가까이에 있어요. 동네 친구들과 같이 재밌게 놀면 좋겠다는 마음이 발단이었죠(웃음).

Q. 동네에서의 장사와 삶이, 즐거워 보입니다.

이 동네가 뭐랄까, 젊은 분들이 조심스럽게 자기 것을 살뜰하게 운영하시면서 작은 교류를 하는 분위기예요. 그 사이사이 연령층이 다른 가게들과 소통하면서 융화되기도 하고요. 바로 옆에 40년 된 연안식당 사장님은 저희가 와서 여러 연령층이 유입된다고 좋아하고 문 닫은 날엔 신경 써서 연락도 주고 정감 넘치게 챙겨주세요. 서울인데 시골 같달까요? 서로서로 홍보도 되고 함께하면서 모두 좋아지는 느낌이에요.

여기서 하는 장사가 여전히 너무 즐겁고 좋아요. 나이가 비슷한 사장님들과 자연스레 공감대도 있고 노는 재미도 있고요. 동네에 뭐 재밌게 할만한 거 없을까 생각하면서 수다 떨고 같이 메뉴 탐구도 하면서 즐기고 있습니다.

Q. 최근에 열었던 타코 팝업 행사가 그 결과물인 것 같은데요.

맞아요. 재밌는 거 해보자, 해보자 했던 것이 실제로 나타났다고 볼 수 있겠네요(웃음). 외국에서 친하게 지냈던 친구가 한국 방문한다는 소식을 듣고 엔젤리즘 사장님과 협업하여 같이 준비한 팝업 행사예요. 타코 판매와 작은 디제잉 파티를 기획했습니다. 푸드트럭에서 파는 핑거푸드 같은 색다른 음식들도 도전해 보고 싶었거든요. 140인분 정도 준비했는데 금세 다 팔렸어요. 동네 주민들도 정말 많이 찾아주셨죠. 빠르게 팔려 끝나고는 또 즐겁게 같이 놀았어요. 엄청 힘든데 너무 재밌었어요.

Q. 수국쌀복, 이름처럼 복 그리고 행복이 가득한 공간이에요. 앞으로의 계획은요?

최근 선유도에 2호점을 열었어요. 함께 열심히 달려오던 직원들에게 더 큰 공간과 경험을 주고 싶은 마음으로 새롭게 시작했습니다. 많은 방문과 관심 부탁드립니다. 이후 점점 수국쌀복의 다양한 모습을 보여드리고 싶어요. 여러 지점을 열면서 사이드로 반미집같은 수국쌀복과 조금 다른 메뉴들을 함께 보여드리고 싶은 마음이에요.

이름을 거꾸로 붙인 즐거움처럼, 즐기면서 사는 걸 좋아하는데요. 돈도 벌고 직업도 가지고 친구들을 만나고 모든 과정들이 다 즐거웠고 계속 즐거웠으면 좋겠어요. 지금도 힘들어도 너무 재밌거든요. 메뉴도 가게도, 꾸준히 변주를 주며 즐거움을 추구하는 수국쌀복이자 이진복이 되고 싶습니다.

증산시장에 울려 퍼지는 디제잉 파티, 서울 시골 클럽 '바 엔젤리즘'

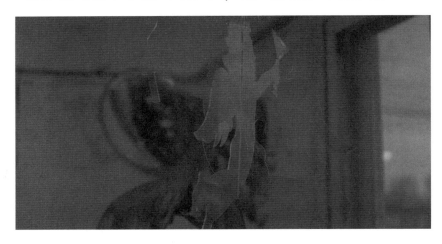

바 엔젤리즘 ©저널서울 정민구

어느 날 동네 당근 마켓에 올라온 글, "증산역~DMC 구간에 주황색 불빛으로 채워진 2층 무엇인지 아시는 분?" 2층의 주인공, '바 엔젤리즘'은 '밤을 노래하는 곳'이라고 답했다. 바 엔젤리즘에서는 음악을 향유하고 예술을 나누고 문화를 공유한다. 익숙하지 않은 음악, 낯선 예술과 표현 속 누군가에게는 새로운 가능성의 공간이 되고, 누군가에게는 자신과 같은 사람들을 만날 수 있는 공간이 되며, 누군가에게는 희망과 연대를 품어갈 수 있는 공간이 된다. 자동차 공업소 2층, 무심하게 빛나면서 놀기 위해 멋이 아닌 솔직함과 순수함으로 추구하는 서울시골클럽, 바 엔젤리즘에서 황윤중을 만나보았다.

솔직하고 거침없는 표현의 공간

Q. 밤을 노래하는 곳, 바 엔젤리즘은 어떤 공간인가?

'술과 음악을 파는 예체능 음주 공간'이다. 주류를 팔면서 예술 문화 행사를 전개하고 있다. 다양한 방면으로 자신의 정체성을 표현하는 예술가들의 거침없고 솔직한 활동에 함께 하고 싶었던 것이 공간의 시작이었다. 한 가지 기능으로 단정 지어 진 곳이 아닌 다양한 것들이 들어오고 나갈 수 있는 매끄러운 공간으로 운영하고자 한다.

Q. 이런 공간을 열고 활동하게 된 계기가 궁금하다.

예술 관련 기획을 하면서 많이 놀고, 많이 방황했다. 음악, 미술, 행위 예술 등의 조화를 통한 공감각적인 시너지에 대한 로망을 실현할 수 있는 기획들을 실천해 보고 싶었고, 여러 영역을 넘나들 수 있는 다양한 것들에 대한 상상력을 현실화하는 것에 대한 기대 속에 공간을 가졌다. 실제로 전시와 파티를 결합하기도 하고, 전기가 없는 콘서트를 열기도 하는 등 다양한 형태로 예술을 접목하여 행사를 진행하고 있다. 다른 곳에서는 들을 수 없는 취향과 감성의 공간, 그리고 그걸 나눌 수 있는 사람들이 모여서 만나 교류할 수 있는 공간으로 운영하고 있다.

Q. 엔젤리즘이라는 이름은 어떤 의미를 담고 있는지?

이전에 사설 응급 구조대가 있던 공간이었다. 입주 당시 엔젤 스티커와 인터네셔널 엠뷸런스 로고가 그대로 붙어있던 것에서 영감을 얻었다. 어쩌면 음악을 듣고 춤추고 노는 일이 사람들을 치유할 수 있는 약같은 존재가 아닐까? 그리고 그걸 공급할 수 있는 응급실 같은 공간이 될 수 있지 않을까? 또한 삶을 살아가며 만난 친구들에 대한 감사함도 있었다. 상처를 받아도 포기하지 않고 화수분처럼 사랑을 줬던 친구들, 기적 같고 신비롭던 그런 마음, 천사가 아닐까 싶다.

다양한 감각을 다양한 방면으로 모두에게

Q. 음악에 대한 사랑이 남다른 것 같다. 큐레이션의 기준은 무엇인지?

그날그날 들여다보고 싶은 마음에 따라 선곡의 변화가 나타나는 듯하다. 다양한 장르의 음악은 다 각기 다른 방향으로 마음을 울린다. 물 같은 존재기도 하다. 물이 흐르듯 음악도 흐르고, 흐름 안에서 생각을 정리하기도, 잊기도 하며 위로받기도 하는 것 같다.

바운더리가 워낙 넓다 보니 누군가에게는 생소한 음악들이 꽤 나오곤 한다. 모두가 익히 아는 음악은 아니지만 분명 누군가는 갖고 있는 취향이자 좋아할 수 있는 음악이랄까? 물론 오는 손님에 따라 신청곡을 받기도 하면서 모두가 좋아할 수 있는 종합적인 지점을 찾기도 한다.

Q.행사도 다채롭게 운영하는 것 같다.

앞서 말했던 색다른 형태의 전시부터 인디밴드 공연, 디제잉 파티, 타코 팝업까지 다양하게 하고 있다. 어떤 것으로 규정짓지 않고, 사랑, 자연을 비롯한 사로 잡혀있는 다양한 느낌들을 담아내는 활동들을 따라가 봤다. 여전히 방황하는 공간이자 찾아가고 있는 공간이다. 그동안 넓은 범위에서 협업하며 이 지역과 이 공간과 맞는 것은 어떤 것인지 생각하며 다양한 시도를 했다. 올해는 중심을 잡고 컬렉션 개념으로 행사를 열어볼까 생각 중이다. 음악으로의 청각뿐만 아니라, 시각, 촉각 등의 다양한 채널의 복합적인 전달을 통해 가질 수 있는 감동에 관심을 갖고 있다. 내가 정말 하고 싶은 것인지 명확하게 생각하면서 기획을 좀 더 세밀하고 촘촘하게 해보고자 한다.

Q. 지금까지 운영하면서 가장 기억에 남는 행사가 있다면?

작년에 진행한 증산 메들리 시장쇼로, 2023 은평문화재단 지역문화기획 매개 인력 양성 사업의 일환으로 진행했다. 전통시장에서 전, 제육볶음 같은 안주에 막걸리, 소주를 마시면서 디제잉을 즐기는 파티였다. 함께한 뮤지션뿐만 아니라 상인분들도 시장 30년 만에 처음이라며 함께 즐거워하셨다. 50~60대 어르신부터 외국인, 부부까지 서로 격이 없이 어울리며 즐기는 모습이 좋았다. 전통시장에서 디제잉이라니, 시도해 본 적 없는 공간에서 일어난다는 것도 획기적이었고, 디제이 문화라고 하면 잘 차려입고 놀아야만 할 것 같은 고정관념에서 벗어나 이렇게도 놀 수 있지, 멋부리지 않고도 충분히 놀 수 있지라는 새로운 해방감을 느꼈다. 먹거리, 마실 거리, 즐길 거리가 혼재되면서 새로운 파급력과 힘을 느꼈다. 이런 식으로 격의 없이 어울릴 수 있고 즐길 수 있는 형태의 행사들을 하나의 통로로서 지속적으로 진행해 보고 싶다.

Q. 어쩌면 바 엔젤리즘은 그 자체로 예술인과 비예술인 사이를 잇는 다리의 역할은 아닐까 싶다.

바 엔젤리즘은 누구나에게 오픈되어 있지만 사실 취향적으로 대중적인 편은 아니다. 그럼에도 대중친화적인 방향성을 갖고 음악과 다양한 방면의 콜라보를 통해 노력 중이다. 시장쇼가 그랬고, 타코 팝업이 그랬다. 음악가의 바이브와 요리의 맛, 다양한 감각들을 느낄 수 있고 시너지를 일으킬 수 있는, 모두가 즐길 수 있는 그런 페스티벌을 꿈꾸고 지향한다. 그리고 그것이 곧 비예술인에게도 예술과 즐거움 사이에서 함께할 수 있는 방법이라고 생각한다. 재미를 더해서 맥락에 맞게 풀어내는 것을 해보고 싶다.

도회성와 정다움, 그 사이에서

Q. 은평구 증산동, 이 동네에서 시작하게 된 계기가 있는가?

어릴적 홍대 인근에 살면서 술을 마시며 만나는 사람들과 대화, 감정적 교류가 즐거웠다. 그때 만난 친구들이 젠트리피케이션으로 점점 홍대에서 수색~북가좌 인근 구역으로 이사를 오기 시작했다. 이 근방 친구들과 이런저런 아이디어를 나누며 어울리다 보니 같은 동네에서 재밌게 살아보고 싶다는 마음이 생겨 은평에 새로운 공간을 열었다.

'서울시골'인 것 같다는 생각을 많이 한다. 서울의 개인적이고 도회적인 느낌과 시골스러운 인간성과 관계성을 만날 수 있다. 도시의 개인성과 시골의 관계성이 느슨하게 공존하는 삶의 방식이 이곳에서는 가능하지 않을까? 너무 거대하지 않고 상업적이지 않은 그런 느낌말이다. 실험의 기회를 줄 수 있는 서울의 변두리라는 점도 매력적이다.

Q. 전치로 밀려나왔지만, 이 지역에서도 새롭게 자신만의 삶을 살아가고 있는 사람들이 모여있는 듯하다.

이곳으로 밀려 나온 친구들에게 어쩌면 이곳은 심리적으로 존재하지 않았던 공간이었을지도 모른다. 어렸을 때 예술을 하겠다고 홍대로 갔지만 조금씩 아주 조금씩 멀어지면서 합정, 상수, 망원을 지나 이곳까지 왔다. 홍대는 우리를 낳았지만 더 이상 우리의 고향이 아니게 된 것이다.

하지만 그만큼 신대륙 같은 공간이 은평과 서대문이다. 이곳에는 끝내 포기하지 않고 계속해나가는 친구들이 모여있다. 10년째 같은 시나리오를 쓰는 작가, 계속 고군분투하는 배우까지 다양한 연령대의 다양한 예술가들이 있다. 생활형 예술가들이랄까, 예술을 하기 위해 일을 하고 하루하루를 살아가는 친구들 말이다.

이런 비주류 생활자, 예술가일수록 자기 안에 갇히면 힘들고 지친다. 서울 안에서 살기 어렵구나 생각하며 커뮤니티도 사라지고 더 쉽게 포기하게 된다. 이들이 자기 안에 갇히지 않고, 같은 길을 하는 동료들의 지지와 의지 속에서 함께 했으면 한다. 늘 변하지 않은 채 활기를 띠며 행복할 수만은 없지만, 새로운 공존 방법을 찾고, 용기를 그리며 버텨내자는 마음으로 함께 했으면 한다.

Q. 서울시골클럽, 바 엔젤리즘이 나아가고 싶은 방향은?

꼭 일류 예술가가 되어야한다는 고정관념에서 벗어나 예술가들이 실험도 해보고 헐렁하게 즐기면서, 충분히 즐겁고 자유롭게 놀 수 있는 공간이 되고싶다. 축구로 치면 2부 리그라고 표현하던 지인의 말이 생각난다. 분명 잘하는 친구들이기에 그들이 1부에서 할 수 없는 것들을 솔직하게 할 수 있고 해낼 수 있음을 보여주고 싶다. 더 나아가 각기 자신의 꼭짓점에서 빛나고 있는 예술가들을 보여드리며 인디문화의 영웅들처럼 오버그라운드와 언더그라운드의 경계를 허물고 싶은 마음이다.

까. 아버지의 전문성과 아들의 혁신으로 새로운 한방문화를 꿈꾸다, 서울약재소

서울약재소 ⓒ저널서울 정민구

　50년 된 한약방이 벤처기업이 되었다. 가업을 이은 아들은 아버지가 운영하던 용우약업사를 서울약재소라는 새로운 브랜드로 탈바꿈시켰다. 구산동에 위치한 서울약재소는 '정직하고 청결하게' 지켜오던 가치는 그대로, 소비자에게 한발 더 가까이, 한방 시장의 새로운 변화를 시도하며 한방 문화 르네상스를 꿈꾼다. 서울약재소는 한방에서 어떻게 새로운 길을 걸어가고 있을까? 서울약재소 류종혁 대표를 만나 이야기를 들어 보았다.

가치는 그대로, 마음은 더 가까이

Q. 약재소라, 처음 들어보는 형태의 공간이다.

약재소(藥材所). 한약재의 '약재'와 장소를 뜻하는 '소'를 합친 말이다. 사전에 등재된 표준어는 아니지만 들으면 한약재 다루는 곳인 것은 팍 느껴지지 않는가? 기존의 용우약업사라는 이름을 사람들이 익숙해지는데 한계가 있었다. 제조업이냐고 물어보는 분도 있더라. 소비자와의 직접적인 유통을 고민하면서 사람들에게 한방에 대해 새롭게 다가갈 이름을 생각하다 짓게 되었다.

Q. 약업사라는 어쩌면 흔하지 않은 가업을 잇게 된 계기는?

아버지의 권유가 시작이었지만 아버지가 해오시던 일의 가치와 업력을 이어야겠다는 마음이 있었다. 정직하게 항상 좋은 품질의 약재만 엄선하여 공급하고 청결하게 공간을 관리하시며 쌓아오신 전문성을 지속하고 싶었다. 잇는 과정에서 가꿔오신 한방에 대한 전문성에 더해 유통과 물류관리와 같은 부분의 힘을 보태고자 했다.

Q. 가업 승계, 쉬운 선택은 아니었을 것 같다.

어렸을 때부터 한약과 함께 지내다보니 죽어도 한약은 안해야겠다고 생각했었는데 이렇게 하고 있다(웃음). 해놓으신 바탕에서 시작하다보니 좋은 건 분명히 있지만 공부하는 과정이 쉽지는 않았다. 가족 사업이다보니 회사처럼 그만 두기도 어렵고 상사가 부모님인 것은 또 다른 새로운 문제기도 하더라.

그럼에도 부모님이 하셨던 일의 지속성을 고민하면서 다양한 방면에서 노력을 기했다. 중소기업중앙회에서 주최하는 가업승계 교육을 받고 가업을 승계한 2세대들과 포럼을 통해 지속적인 네트워킹을 하면서 사업 운영에 대한 고민을 나누고 있다. 리더십, 성장, 사업화 과정 등에 대한 공유와 함께 여전히 포럼을 진행하면서 사업의 지속성을 꾀하고 있다.

한방에 대한 새로운 시선

Q. 서울 약재소가 되면서 변화한 것이 있다면?

가장 큰 것은 벤처기업이 된 것이다. 현재 국내 한방식품업계의 유일한 벤처기업이다. '서울약재소' 이름 특허와 함께 한방식품업과 관련된 다양한 레퍼런스를 기반으로 벤처기업을 인증받을 수 있었다. 특히 B2B 위주의 시장에서 연구개발로 B2C 제품을 만들고 새 이미지를 입힌 것에 대한 혁신적인 평가가 크게 작용했다.

Q. 서울약재소의 시그니처 제품이 있는가?

현재는 '첫잔전에' 숙취해소제와 '쌍화차', '꿀도라지환'이 주력 상품이다. 첫잔전에는 숙취해소제로 리브랜딩 한 후 첫번째 제품이다. 쌍화차는 아버지때부터 지속되어온 레시피를 바탕으로 판매하고 있는 상품으로 가장 인기가 좋다. 기본적으로 한방차 라인, 한방환 라인, 기능성 조합형 라인으로 상품을 구축 중이다. 꿀도라지환은 절기별 환 시리즈 구축 중에 첫번째 제품으로 이후 후속으로 다양한 환이 나올 예정이다.

Q. 한방 식품 업계에 새로운 바람을 불고 싶어하는 것 같다.

한방의 가치를 지속할 방법을 고민했던 것 같다. B2B 시장이 위축되면서 한방업계 자체가 사라지고 지속되지 못할 위기에 놓였다면 이를 B2C로 확장하여 더 많은 사람들이 한방식품을 접하길 바랐다. 이 때 신경 쓴 부분은 한방 식품

업계의 신뢰도 형성과 전문성 보존이었다.

아무리 좋은 제품이어도 신뢰도를 줄 수 있는 브랜딩이 필요하다. 숙취해소제 '첫잔전에'는 연구 및 개발에 꼬박 2년이 걸렸다. 제품의 전문성을 기반으로 이름부터, 디자인, 패키징까지 사람들에게 좀 더 신뢰도 있게, 가까이 인식될 방향을 고민했다. 서울약재소라는 이름도 같은 맥락이다.

유통과정에 있어서도 최종 한약 가격에 맞춰 재료값을 후려치는 관습에서 벗어나 좋은 재료에 제대로 된 값을 받는 형태로 과정을 변화시키고자 했다. 또한 아무래도 가게 사장님들과 가깝게 지내다보니 알게 된 사실인데 약령시장에 있는 많은 가게들은 손님들을 대하면서 만들어왔던 다양한 본인만의 레시피가 있다. 이 흩어져있는 레시피들을 데이터화하고 보존하여 한방식품의 전문성과 지속성을 꿈꾸고 있다.

Q. 한방만의 가치가 분명하게 있는 듯 한데 한방과 양방의 차이가 무엇일까?

애프터서비스냐 비포서비스냐의 차이이지 않을까 싶다. 한약은 평소에 허약한 부분이나 안 좋은 느낌이 들면 실제 병이 나기 전에 복용하여 관리하고 증상을 완화시키는 것이라면 양약은 이미 내가 다치고 증세가 나타난 뒤에 치료와 처방을 받는 것 아닐까. 식약동원이라는 말이 있지 않나, 내가 먹는 음식이 곧 약의 효과처럼 내 몸에 남기 마련이다. 그런 측면에서 방을 통한 자연의 재료, 약재들을 섭취하는 것도 비타민, 종합영양제와 같은 맥락으로 함께 할 수 있지 않을까 싶다.

서울 서북의 작은 약령시

Q. 한방식품이 곧 비타민과 종합영양제와 같다니, 새로운 시선이다.

우리가 흔히 건강을 관리한다고 하면 책상 위에 비타민이나 종합영양제가 있기 마련인데 우리는 우리의 한방환이 그 곳에 있기를 바란다. 궁극적으로는 24절기별로 제철환을 구축하여 매 절기별로 사람들의 건강에 필요한 약재를 담은 환을 제공하고 싶은 마음이다. 사실 그러기 위해서는 한약이 비타민처럼 명시적인 것에 비해 복잡하고 어렵기 때문에 우리, 한방에 대한 신뢰를 쌓을 수 있도록 노력하고 있다. 우리에 대한 신뢰를 기반으로 매 절기마다 그것을 먹어야한다고 느낄 수 있게, 몸의 건강리듬에 맞춰 건강을 챙길 수 있도록 돕고 싶다. 자연친화적이고, 자연스러운 건강관리를 돕고 싶은 마음이다.

Q. 서울약재소는 한방으로 어떠한 꿈을 꾸고 있는가.

격이 다른 한방문화를 만들어 다시 꽃피우고 싶다. 저물어가는 업계가 아닌, 언제 어디서나 자연스럽게 접하는 한방문화로서 다시 나아갔으면 한다. 궁극적으로 한국을 알릴 수 있는 한국문화브랜드가 되고 싶다.

Q. 그럼에도 '은평구의 경동시장, 작은 약령시'라는 슬로건을 내걸고 있다. 은평구에 지속적으로 있는 이유가 있는지?

이곳에 오랫동안 터전을 잡고 기반을 닦아 왔기에 당연하게 있는 것 같다. 은평의 유일한 약령시일뿐 아니라, 서울 서북권의 유통과 공급을 많이 맡고 있는 만큼 지역 기반으로 탄탄하게 지속하고자 한다. 한국을 알리기 위해 번화가를 가거나 더 도심으로 가야하나라는 고민도 있지만, 지금 있는 공간도 결국 서울이고, 한국이지 않나. 지역에서 꾸준히 잘 쌓아가며 더 멀리 더 큰 꿈을 향해 나아가고 싶다.

제4장 은평구 로컬 상권의 가치와 한계

1. 은평구 로컬 상권의 현재 의미와 가치

은평구에 형성된 로컬 상권이 가지는 가장 큰 의의는 지역 사회에 새로운 기회를 제공하며 다양성과 창의성을 증진시킨다는 점일 것이다. 로컬 상권이 지역 사회에 미치는 긍정적 영향을 경제·문화·공동체 측면으로 정리하자면 다음과 같다.

가. 로컬 상권이 지역 경제에 미치는 긍정적 영향

은평구의 로컬 상권은 지역 경제 활성화에 중추적 역할을 수행하고 있다. 소상공인들이 제공하는 독특한 제품과 서비스는 지역 내에서 경제적 가치를 창출하며, 이는 곧 지역 경제의 다양성과 경쟁력을 높이는 결과로 이어진다. 더나아가, 지역 특색을 반영한 고유한 디자인과 특색을 가진 카페, 공방, 양조장 등은 지역 주민들에게 단순한 소비의 공간을 넘어서 문화와 예술을 경험할 수있는 장소를 제공하는 과정을 통해 간접적·부가적 가치를 창출하게 된다.

이와 같은 지역 내 소규모 상점의 집적은 지역 내 소비를 촉진할 뿐만 아니라, 외부에서의 관광객 유입으로 이어져 지역 경제에 직접적인 수익을 창출하게 된다. 또한, 상권 집적에 의해 발생하는 소상공인들 간의 자발적 협업 및 네트워킹은 지역 상권의 경쟁력을 강화하고, 상호 지원을 통해 경제적 위기를 함께 극복하는 동력으로도 작용한다.

나. 로컬 상권이 지역 문화에 미치는 긍정적 영향

은평구 로컬 상권은 지역 문화의 다양성과 풍부함을 증진시키는 주요 요인으로써 기능하고 있다. 지역의 소상공인들은 자신들의 가게를 통해 지역 고유의 문화 및 콘텐츠를 생산·발전시키며, 지역 주민들에게 새로운 문화적 경험을 제하게 된다. 특히 불광천 같은 지역 고유의 자원을 활용한 축제나 이벤트는 지역 문화 형성의 중요한 기반으로써 기능하며, 주민들에게 공감대를 형성하고 지역의 정체성을 강화하는 역할을 수행한다.

즉 로컬 상권의 활동은 지역 문화의 보존과 창조에 기여하며 지속가능한 문화적 활성화를 가능케 하는 것이다. 이는 지역 주민들에게 소속감과 자부심을 느끼게 하며, 지역 내·외부에 은평구만의 독특한 문화적 매력을 전달함으로써 지역 경쟁력 확보에도 이바지할 수 있다.

다. 로컬 상권이 지역 공동체에 미치는 긍정적 영향

은평구의 로컬 상권은 지역 공동체의 결속력을 강화하는 데에 크게 기여한다. '이웃사촌 만들기 프로젝트'를 비롯한 플리마켓, 축제 행사 같은 활동은 상점 주인과 지역 주민 간의 긴밀한 유대관계 조성을 촉진하는데, 이와 같은 관계 형성 및 네트워킹 과정은 지역 공동체 내에서의 상호 신뢰와 연대감을 높이며, 지역 사회의 사회적 자본을 증진시킨다.

이러한 사회적 자본은 지역 문제 해결과 공동체 기반의 프로젝트에 있어 중요한 역할을 하며, 공동체의 지속 가능한 발전을 도모한다.

은평구 로컬 상권의 활동은 지역 경제, 문화, 공동체 모두에 긍정적인 영향을 미치며, 이는 지역 사회의 지속가능한 발전을 위한 중요한 기반으로 작용한다. 이러한 긍정적 영향은 은평구가 지닌 독특한 매력과 가치를 더욱 부각시키며, 장기적 관점에서는 지역 내외부에서의 관심과 참여를 유도하는 중요한 역할을 수행할 것으로 기대할 수 있다.

2. 은평구 로컬 상권의 한계 및 극복해야 할 과제

한편 은평구에 형성된 로컬 상권이 원만한 성장·발전을 지속적으로 이룩하기 위해서는 현재 봉착하고 있는 한계 및 추후 발생 가능성이 높은 문제에 대한 대비책을 마련하는 과정 역시 필수적이다.

이에 이어지는 내용에서는 현재 은평구 로컬 상권의 한계와 극복과제를 분석하여, 로컬 상권의 긍정적인 발전 방향성을 제안하기 위한 기반을 마련하고자 한다. 분석 결과, 은평구 로컬 상권의 한계 및 극복과제는 다음과 같이 요약될 수 있었다. △대규모 자본 기반 상권 대비 로컬 상권의 경쟁력 약화 △고령화와 인구유출로 인한 로컬 상권 타격 △젠트리피케이션에 의한 로컬 상권 악영향

가. 대규모 자본에 기반한 상권 대비 로컬 상권의 경쟁력 약화 문제

로컬 상권이 겪고 있는 주요 문제점 중 하나는 대기업, 즉 대규모 자본에 기반하여 조성된 상권과 비교했을 때 상대적으로 경쟁력이 약하다는 점이다. 이러한 약점은 주로 대기업이 가지고 있는 두 가지 주요 특성, 즉 '특색 있는 대규모 공간을 창출 가능하다'는 점과 '다채로운 콘텐츠를 제작 가능하다'는 점에서 비롯된다.

우선 공간 창출 측면에서 살펴보자. 대기업은 자본력을 바탕으로 특색 있는 대규모 공간을 창출할 수 있는 능력이 있다. 이러한 공간은 단순히 상품을 판매하는 장소를 넘어서, 소비자에게 새로운 경험을 제공하는 역할을 수행한다. 예를 들어, 대형 쇼핑몰이나 테마파크는 방문자에게 쇼핑은 물론 다양한 레저 활동을 제공함으로써, 단순한 소비의 장소를 넘어서 가족 단위의 여가 활동 공

간으로 자리잡는 것 등이 있다. 이와 대조적으로 로컬 상권은 한정된 공간과 자본으로 인해 이러한 대규모 프로젝트를 실행하기 어렵다는 한계가 있다.

다음으로 콘텐츠 제작 측면이다. 대부분의 대기업은 마케팅과 브랜딩을 통해 다채로운 콘텐츠를 제작하고 이를 소비자에게 효과적으로 전달할 수 있는 역량을 보유하고 있다. 특히 SNS의 바이럴효과를 이용하는 등 다양한 매체를 활용한 대기업의 광고 캠페인은 종종 큰 주목을 받으며, 이는 제품의 판매 증대는 물론 브랜드 인지도의 향상에 기여한다. 반면, 로컬 상권의 경우 자본과 자원의 한계로 인해 이러한 규모의 콘텐츠 제작과 마케팅이 어려워, 경쟁에서 뒤처질 수 밖에 없는 상황이다.

이러한 상황에서 로컬 상권이 경쟁력을 강화하고 지속 가능한 발전을 이루기 위해서는 지역 고유의 가치와 특성을 살린 차별화 전략이 필수적이다. 지역 문화, 역사, 자연 자원 등을 활용한 독특한 상품과 서비스 개발, 지역 커뮤니티와의 협력 강화, 디지털 마케팅과 소셜 미디어 활용 등은 로컬 상권이 대기업과 차별화되는 경쟁력을 구축하는 데 중요한 요소가 될 수 있다.

따라서, 로컬 상권의 지속 가능한 성장을 위해서는 자본과 자원의 한계를 극복하고, 지역 고유의 가치를 기반으로 한 창의적이고 혁신적인 접근 방식을 모색하는 것이 요구된다. 이를 통해 로컬 상권은 대기업과의 경쟁에서 독특한 위치를 확보하고, 지역 경제에 긍정적인 영향을 미칠 것이다.

나. '지역쇠퇴'에 상대적으로 큰 타격을 입는 로컬 상권

로컬 상권이 직면한 또 다른 한계는 고령화 및 인구유출 등, '지역쇠퇴' 현상에 상대적으로 큰 타격을 입는다는 점이다.

우선 고령화는 지역 내 소비패턴의 변화를 초래한다. 고령 인구가 많아짐에 따라, 전반적인 소비 수준이 감소하고, 특히 청년층을 대상으로 하는 상품과 서비스에 대한 수요가 크게 줄어든다. 이는 로컬 상권에서 활동하는 소규모 사업자와 창업자들에게 직접적인 타격을 주며, 특히 패션, 엔터테인먼트, 기술 기반 서비스와 같은 업종에서 그 영향이 크다.

인구유출 역시 로컬 상권에 심각한 영향을 미친다. 지역을 떠나는 주민들은 상권의 잠재 고객을 감소시키며, 이는 수익 감소로 이어진다. 특히 청년인구의 유출은 창의력과 혁신을 지역 사회로부터 빼앗아가며, 이는 장기적으로 로컬 상권의 경쟁력을 약화시키는 요인으로 작용한다.

지역 경제의 활력은 다양한 사업과 서비스의 존재에 의해 유지된다. 그러나 고령화와 인구유출은 상기 기술한 이유들에 의해 이러한 다양성을 저해하며, 결과적으로 지역 경제의 활력을 약화시키는 요인으로 작용한다. 로컬 상권이 활력을 잃으면, 신규 투자자의 유입이 줄어들고, 기존 사업자들의 사업 확장 의지도 약해지게 된다. 이러한 상황은 지역 내 경제 활동의 축소로 이어지며, 결국 지역 쇠퇴를 가속화시킨다.

특히, 2016년 약 50.1만명의 인구 정점 기록 이후 2020년 인구가 47.5만 명대로 급격히 줄어드는 등 지속적인 인구 감소 추세를 보이고있는 은평구의 상황을 고려할 때, 이는 결코 무시할 수 없는 부분이다.

이와 같이 고령화와 인구유출은 지역 경제와 로컬 상권에 심각한 도전을 제기한다. 그렇다면 로컬 상권에 활력을 불어넣기 위해 어떤 전략을 취해야 하는가? 핵심은 '청년 인구'에 있다. 청년층은 새로운 아이디어와 혁신적인 사업 모델을 지역에 도입할 수 있는 중요한 동력으로 작용 가능하다.

지역 고유의 자원을 활용한 창업 지원 프로그램, 청년 대상의 특화된 일자리 창출, 주거비 지원과 같은 정책은 청년들을 유치하고 그들이 지역 내에 정착하게 만들 수 있어 궁극적으로는 지역 경제와 로컬 상권의 활성화에 이바지 할 수 있다. 이러한 노력은 지역사회 전반에 걸쳐 긍정적인 변화를 이끌어 낼 수 있으며, 지역 쇠퇴의 위험으로부터 벗어나는 지속가능한 발전을 가능하게 할 것이다.

다. '젠트리피케이션'; 로컬 상권 활성화를 위해 극복할 공간적 한계

로컬 상권에 관해 논할 때 결코 제할 수 없는 고려 사안 중 하나가 바로 '젠트리피케이션'이다. 젠트리피케이션은 도시 재개발과 관련하여 발생하는 현상 중 하나로, 특정 지역의 부동산 가치와 임대료가 상승하면서 기존 주민과 소규모 사업체가 경제적 압박을 받게 되는 문제를 의미한다. "쇠퇴 지역상권의 재활성화계획요소; 특화성, 접근성, 협력성, 관리성(손용만, 2017)"은 젠트리피케이션이 로컬 상권의 활성화를 억제하는 원인을 다음의 4가지 측면에서 제시하였다. △지역 상권의 고유성과 정체성 약화 △지역 상권에 대한 지출과 투자 감소 △주변 지역과의 경쟁 심화 △지역 내 주거 인구의 감소

우선 지역 상권의 고유성·정체성 약화 측면을 살펴보자. 젠트리피케이션이 진행되면, 대형 체인점이나 고급 상점이 기존의 독립 상점이나 소규모 상점을 대체하게 된다. 이 과정에서 지역 상권은 그 고유성과 정체성을 잃게 된다. 지역 문화와 개성을 반영하는 독립 상점들이 사라지면, 지역 상권은 독특한 매력을 잃고, 어느 도시에서나 볼 수 있는 획일화된 모습으로 변모하게 된다. 이러한 변화는 지역 주민과 방문객 모두에게 상실감을 주며, 지역 상권의 매력과 경쟁력을 크게 저하시킨다.

다음은 로컬 상권으로의 투자 및 지출 감소 측면이다. 젠트리피케이션으로 인한 임대료 상승과 생활비 증가는 소비자들이 더 저렴한 경쟁 지역으로 이동하게 든다. 이로 인해 지역 상권에 대한 지출과 투자가 줄어들게 되며, 이는

지역 경제에 직접적인 타격을 주고 지역 상권의 성장 잠재력을 저해시킨다. 상대적으로 저렴한 다른 지역으로의 소비자 이동은 로컬 상권의 수익성을 약화시키며, 장기적으로 상권의 발전을 저해하는 주요 요인이 된다.

또한 젠트리피케이션은 주변 지역에 자생적 도심을 형성하게 하여, 기존 지역 상권과의 경쟁을 심화시킨다는 점에서도 로컬 상권에 부정적 영향을 미친다. 이로 인해 기존 지역 상권의 경제적 기반은 더욱 약화되며, 장기적으로 상권의 성장과 발전을 저해하는 결과를 초래하기 때문이다. 새로 형성된 상권은 기존 상권보다 현대적이고 고급스러운 서비스를 제공함으로써, 소비자의 관심을 끌어들이고, 기존 상권은 소외되는 경향이 강해진다.

마지막으로 젠트리피케이션은 높은 임대료와 생활비로 인해 기존 주거 인구의 감소를 초래한다. 이는 지역 상권에 대한 수요 감소로 이어지며, 장기적으로 상권의 활성화를 저해하는 주요 요인이 된다. 주거 인구 감소는 특히 지역 상권이 의존하는 일상적인 소비 활동에 큰 영향을 미치며, 상권의 지속 가능한 발전을 어렵게 만든다.

이와 같이 젠트리피케이션 문제는 로컬 상권의 발전에 여러 측면에서 심각한 악영향을 미치므로 이에 대한 전략적 대응이 필요하다. 즉, 지역 상권의 고유성과 정체성을 유지하고, 지역 경제에 활력을 불어넣기 위해서는 젠트리피케이션의 부정적 영향을 최소화하고, 지역 상권을 보호하며 발전시킬 수 있는 전략이 필요하며, 해당 전략은 로컬 상권이 갖는 제한적인 공간적 범위로부터 기인하는 한계를 해소하는 것으로부터 출발해야 할 것이다.

제5장 결론

1. 은평구 로컬 상권의 향후 발전 방향 제언

지금까지 은평구 로컬 상권이 갖는 의미와 가치, 한계와 극복해야 할 사안들에 대해 살펴보았다.

우선 은평구 로컬 상권은 경제, 문화, 공동체 모든 측면에서 긍정적 영향을 미치며, 지역 사회의 지속 가능한 발전을 위한 중요한 기반으로 작용한다. 이러한 긍정적 영향은 은평구의 독특한 매력과 가치를 부각시키고, 지역 내외부에서의 관심과 참여를 유도하는 중요한 역할을 기대할 수 있다는 점에서 의의를 가진다.

동시에, 로컬 상권의 지속적인 성장 및 발전을 위해서는 대규모 자본 기반 상권 대비 약한 경쟁력, 지역쇠퇴·젠트리피케이션 등의 현상에 의한 쇠퇴 위기 등에 직면해 있다는 문제점을 결코 외면해서는 안 될 것이다. 이를 극복하기 위해서는 지역 고유의 가치와 특성을 활용한 차별화 전략, 청년층을 중심으로 한 혁신적 접근, 젠트리피케이션의 부정적 영향 최소화 전략이 요구된다. 지속 가능한 발전과 경쟁력 강화를 위한 창의적이고 혁신적인 접근이 필수적이다.

제4장에서는 앞서 분석한 내용을 기반으로 은평구 로컬 상권의 향후 발전 방향을 총 5가지 부문에 대해 제언하였다.

가. 로컬 상권이 조성·성장 가능한 '공간적 기반'의 조성

가장 우선시 되어야 할 것은 '공간 기반'의 로컬 상권 육성 토대를 마련해야 한다는 점이다. '합마르프 상권(합정 일대)', '선유로운 상권(선유도 일대)' 등 현대 사회에 접어들어 수도권 내에서 발생한 성공적인 로컬 상권·로컬 브랜드는, 특정 공간(주로 골목 밀집지역 일대)를 기반으로 지역 고유의 자원 및 소상공인 중심의 커뮤니티를 연결해 매력요인 창출에 성공했다는 핵심적인 공통점을 갖기 때문이다.

대기업이 팔을 걷어붙이고 소위 '핫플레이스'라 불리는 랜드마크 조성 경쟁에 뛰어든 지금, 공간을 기반으로 한 커뮤니티 기획 능력 없이는 로컬 상권이 오프라인에서의 경쟁력을 확보하기가 어려운 것이 현실이다. 새로운 예비 창업자들이 몰려들고 기존의 창업자들이 보다 활발히 교류할 수 있는, 특색 있는 지역 내 공간을 집중적으로 육성해야 할 것이다.

로컬 상권 성장에 필요한 공간적 기반을 조성하기 위한 가장 효율적·경제적인 방법론은 바로 '지역 내 유휴시설 발굴'일 것이다. 오랜 시간 방치되어 비효율적으로 사용되던 공간을 창업자나 예술가들에게 저렴한 가격으로 제공 가능한 경제적 자산으로 변화시킨다는 점에서, 또한 도시 전체의 공간 활용도를 증진시킨다는 점에서, 이는 초기 투자비용 대비 높은 경제적 가치를 창출 가능한 방법이다. 더 나아가, 유휴시설을 발굴하여 이를 창업 공간, 공방, 문화예술 공간, 커뮤니티 센터 등으로 변모시킴으로써 지역 주민 및 방문객의 다양한 활동을 유도하는 과정을 통해 다양한 간접적 가치 창출을 기대할 수 있을 것이다.

유휴시설의 창의적 활용은 로컬 브랜딩 그 자체에도 긍정적인 영향을 미친다. 지역이 가진 고유한 역사성·장소성과 결부된 유휴공간 발굴을 통한 독특한 경험 제공은 로컬 상권 방문자들을 대상으로 지역 고유의 문화와 예술을 체험할 수 있는 기회를 제공함으로써 지역 문화의 다양성과 풍부함을 증진시킨다. 이에 대한 가장 대표적인 사례로, 어촌지역에 방치된 노후 건축물을 지역특화형 사업 공간으로 변모시키는 해양수산부 주관의 〈어촌유휴시설 활용 해(海)드림 사업〉을 통해 활성화된 전남 강진 사초마을(기존 어민복지회관을 수산물 쇼핑거점 공간으로 조성) 및 전남 고흥 익금마을(기존 마을공동사업소를 수산물 판매장 및 카페로 조성) 등의 지역을 제시할 수 있을 것이다.

나. '청년'을 중심으로 한 로컬 상권 활성화 핵심동력 마련

로컬 상권의 발전과 지속 가능한 경제 활성화를 위해 청년 창업가와 로컬 크리에이터의 육성 및 지원은 필수적이다. 이들은 신선한 아이디어와 창의력을 바탕으로 지역 경제에 새로운 활력을 불어넣고, 다양한 문화적 가치를 창출하여 지역 사회를 더욱 풍요롭게 만든다.

청년 창업가와 로컬 크리에이터들은 혁신적인 사업 모델과 창의적인 콘텐츠를 통해 로컬 상권에 새로운 기회를 제공한다. 예를 들어, 전통적인 제품이나 서비스에 현대적인 감각을 접목시키거나, 지역의 유무형 자원을 활용한 차별화된 사업 아이템은 소비자의 관심을 끌고, 지역을 대표하는 브랜드로 성장할 수 있다. 이는 결국 지역 경제의 다양화와 경쟁력 강화로 이어지게 된다.

더불어, 청년 창업가와 로컬 크리에이터들이 활동하기 좋은 환경을 조성하는 것은 지역 공동체에 대한 긍정적인 영향을 미칠 수 있다. 이들의 활동은 지역 주민들과의 협력과 교류를 증진시키고, 다양한 세대 간의 소통을 가능케 한다. 커뮤니티 기반의 프로젝트나 이벤트는 지역 주민들에게 새로운 경험을 제공하고, 공동체 의식을 강화하는 중요한 역할을 수행 가능하다.

그러나 이러한 청년 창업가와 로컬 크리에이터들이 성공적으로 자리 잡고 성장하기 위해서는 적극적인 지원과 격려가 필요하다. 지역 내 신규 유입된 청년들 및 기존 소상공인들이 서로 자발적인 도움을 주고받는 것 외에도, 정부 및 지방자치단체 차원의 창업 지원 프로그램, 창업 공간 제공, 마케팅 및 판로 개발 지원, 교육 및 네트워킹 기회 제공 등 다양한 지원 정책을 마련해야 할 것이다. 이러한 지원은 청년 창업가와 로컬 크리에이터들이 초기 단계에서 겪을 수 있는 어려움을 극복하고, 지속가능한 사업을 운영할 수 있도록 돕는다.

결국, 청년 창업가와 로컬 크리에이터의 육성과 지원은 단순히 개인이나 사업의 성장을 넘어서 지역 경제 전체의 발전과 지역 공동체의 활성화에 기여한다. 이들은 로컬 상권을 새롭고 활기찬 공간으로 변모시킬 수 있는 중요한 역량을 가지고 있으며, 앞으로도 이들의 역할은 더욱 중요해질 것이다. 따라서 청년 창업가와 로컬 크리에이터에 대한 지속적인 관심과 지원은 로컬 상권 발전의 핵심 요소로 자리매김할 것이다.

다. 지역 내 '다양한 주체'의 적극적 참여를 통한 다각도 지원 필요

로컬 상권의 활성화를 위해서는 단일 주체의 노력만으로는 한계가 있으므로, 지역 사회의 다양한 주체들이 공동의 목표를 향해 함께 참여하고 협력하는 것이 필수적이다. 이는 지역 상권을 다각도에서 지원하고 강화하는 데에 있어 효과적인 전략이 될 수 있다.

우선 지방자치단체의 역할은 로컬 상권 활성화의 기반이 된다. 정책 수립과 집행을 통해 상권 발전을 위한 여건을 마련하고, 창업 지원, 세금 감면, 마케팅 지원 등 다양한 방면에서 직접적인 지원을 할 수 있다. 또한, 유휴 공간의 활용 방안 제시나 공공 인프라 구축을 통해 물리적 기반을 강화할 수 있다.

지역 사회 내 기업과 상인들의 협력체 구성도 필수적이다. 공동 마케팅, 공동 구매 등의 활동을 통해 비용을 절감하고, 시너지를 창출할 수 있으며, 지역 상권 내에서 경험과 정보를 공유함으로써 서로의 성장을 지원할 수 있다.

지역 주민들의 참여와 지지는 로컬 상권 활성화의 가장 기본이 되는 동력이다. 지역 주민들이 지역 상품을 이용하고, 지역 행사에 참여함으로써 지역 경제의 순환을 강화할 수 있다.민들의 적극적인 참여는 로컬 상권의 지속 가능한 발전을 위한 기반이 된다.

지막으로, NPO나 NGO와 같은 비영리 단체들도 지역 상권 활성화에 기여할 수 있다. 이들 단체는 지역 사회의 문제를 해결하고, 지역 발전을 위한 다양한 프로젝트를 진행함으로써 지역 상권의 발전에 기여할 수 있다.

이 중에서도 최근 들어 특히 주목 받고 있는 지역사회 내 핵심 주체는 바로 '대학'이다. 지역 내 대학이 보유한 창업 지원 프로그램이나 기술, 지식을 지역 상권과 연계함으로써 새로운 비즈니스 모델 개발이나 기술 혁신을 촉진할 수 있다. 즉, 대학과의 협력은 지역 상권에 새로운 아이디어를 불어넣고, 청년 창업가와 로컬 크리에이터의 참여를 유도할 수 있다.

이에 대한 대표적 사례로 "서울시 캠퍼스타운 사업"을 통한 한성대학교 대학가 일대 로컬 상권 활성화 사례가 있다. 캠퍼스타운 사업의 목적은 대학이 보유한 자원과 지역사회의 잠재력을 결합하여 새로운 경제적·문화적 가치를 창출하는 것으로, 한성대학교는 2023년 서울시 캠퍼스타운 사업 우수 대학으로 선정되었다.

한성대는 2017년부터 캠퍼스타운 사업에 참여해오면서 청년 창업을 적극적으로 지원하고 지역 상생에 기여해 왔다. 특히, 한성대는 지역연계수업을 통해 학생과 교수가 지역의 현안 문제를 발굴하고, 창업 아이템으로 연계하여 지역 활성화에 기여하는 다양한 프로젝트를 진행해왔다. 이러한 노력은 대학의 정규 교과로 운영되며, 매년 10개 강좌에서 200여 명의 수강생을 배출하는 등 지역 혁신 창업에 크게 기여하고 있다.

이처럼 로컬 상권 활성화를 위해서는 지방자치단체, 지역 기업, 대학, 비영리 단체 등이 참여하는 협업 체계를 구축하여 다양한 아이디어와 자원을 통합할 필요가 있으며, 이를 통해 지역 상권은 다양한 이해관계자들의 지원을 받으며 지속가능한 성장을 이룰 수 있다.

라. 로컬 상권의 지속가능한 발전: 장기적 계획 수립 및 주민 역량 강화

로컬상권의 지속가능한 성장과 발전은 단기적인 활성화 이상의 전략적 계획이 요구된다. 이러한 계획의 핵심은 장기적인 비전의 설정과 지역 주민의 역량 강화에 초점을 맞추는 것으로, 궁극적으로는 로컬 상권을 단순한 상업 활동의 집합체가 아닌 지역 공동체의 핵심 요소로 발전시켜야 한다.

장기발전 계획의 설정은 로컬 상권의 지속 가능성을 확보하는 기반이 된다. 이러한 계획에는 지역의 특성을 반영한 상권의 개발 방향과 목표가 포함되어야 할 것이다. 예를 들어, 홍대와 성수동 골목상권 같이 특정 지역의 문화적, 예술적 가치를 중심으로 발전한 사례에서 볼 수 있듯 각 지역 고유의 자원과 잠재력을 발굴하고 이를 기반으로 한 상권 발전 전략이 필요하다. 이를 위해서는 지역의 역사, 문화, 자연 환경 등 다양한 요소를 고려한 종합적인 분석이 선행되어야 한다.

더불어, 지역 내에서 직업-주거-여가 문제를 해결할 수 있는 생활권 구축이 중요하다. 특히 포스트-COVID19 시대에서는 사람들이 지역 내에서 모든 생활을 해결하고자 하는 경향이 강해지고 있는데, 이러한 변화는 로컬 상권을 지역 경제의 핵심 요소로 자리잡게 하는 동시에, 지역 사회의 다양한 요구를 충족시키는 방향으로 상권을 발전시켜야 함을 시사한다.

지역 주민의 역량 강화 프로그램의 마련 역시 중요한 요소이다. 예비 창업자와 로컬 크리에이터를 위한 현장 교육과 훈련 프로그램은 이들이 지역 기반으로 성장할 수 있도록 지원한다. 이 과정에서 지역의 유무형 자원을 활용한 사업 아이템의 기획부터 비즈니스 모델 개발, 실행 계획 수립까지의 과정을 포괄하는 전문화된 교육이 제공되어야 한다. 이는 창업자와 크리에이터가 지역 상권 내에서 실질적인 성공을 거둘 수 있도록 하는 데 필수적이다.

주민 역량 강화 프로그램을 통해 지역 주민들이 자신들의 지역을 더 잘 이해하고, 상권 활성화에 직접 참여할 수 있는 능력을 개발하는 것 또한 중요하다. 이러한 접근은 지역 상권을 단단한 공동체의 일부로 만들어, 경제적 자생력을 갖추고 장기간에 걸쳐 번영할 수 있는 기반을 마련할 것이다.

즉, 로컬 상권의 지속 가능한 성장을 위한 체계적인 장기 발전 계획의 수립과 주민 역량 강화 프로그램의 마련은 상권이 직면한 현실적인 도전을 극복하고, 지역 경제의 다양성과 경쟁력을 강화하는 동시에, 지역 사회의 삶의 질을 향상시키는 중요한 전략이 될 것이다. 지역 내 다양한 주체들과의 협력을 통해 이러한 계획을 구체화하고 실행에 옮기는 것이 로컬 상권 활성화의 핵심 열쇠가 될 것이다.

마. 지역 고유 자원 활용을 통한 로컬 상권의 경쟁력 확보

로컬 상권의 활성화는 지역 고유의 자원을 효과적으로 발굴하고 활용하는 데에서 큰 잠재력을 가지고 있다. 역사적, 자연적 자원 등 지역이 보유한 독특한 특성을 기반으로 한 상품과 서비스는 지역의 정체성을 강화하고, 방문객에게 새로운 경험을 제공하여 지역 경제를 활성화하는 중요한 열쇠가 될 수 있다.

지역의 역사적 자원을 활용하는 것은 관광객들에게 독특한 문화적 경험을 제공할 수 있는 방법 중 하나다. 예를 들어, 고대 유적지나 역사적 건축물을 보존하고 이를 관광 명소로 개발함으로써 방문객들에게 지역의 역사를 체험할 수 있는 기회를 제공할 수 있다. 또한, 지역의 전설이나 이야기를 바탕으로 한 상품 개발은 지역 고유의 문화적 가치를 상품화하는 효과적인 방법이 될 수 있다.

자연적 자원의 활용 또한 로컬 상권 활성화에 중요한 역할을 한다. 예를 들어, 해변, 산, 강 등 자연 경관을 활용한 관광 상품 개발은 지역을 방문하는 이유를 제공한다. 또한, 지역에서 생산되는 농산물이나 특산품을 이용한 음식점이나 카페는 지역의 신선하고 고유한 맛을 경험할 수 있게 하여, 지역 경제의 활성화에 기여할 수 있다.

지역 고유 자원을 통한 성공적 로컬 상권 조성 사례로 양양군을 들 수 있다. 2015년 ㈜라온서피리조트 설립과 함께 양양군 하조대 해수욕장이 서퍼비치로의 역할을 수행하게 되었다. 이에 양양군은 지역의 특성을 반영한 '서핑도시'라는 로컬 브랜드 창출 및 서핑 해양 레저 특화지구 조성을 실시했으며, 현재 해당 지역은 전국 서핑 인구의 약 45% 이상이 방문하고 있다.

이처럼 지역 공예품이나 예술 작품 등 지역에서만 만날 수 있는 독특한 상품을 제공하는 것은 로컬 상권의 경쟁력을 확보 가능한 효과적인 방법이다. 이는 지역 상권에 특색을 부여하고, 방문객들에게 지역 고유의 문화와 예술을 체험할 수 있는 기회를 제공하기 때문이다. 이러한 상품과 서비스는 지역 경제에 새로운 활력을 불어넣을 뿐만 아니라, 지역의 정체성과 자긍심을 강화하는 데에도 기여한다.

2. 마치며

본 프로젝트는 지역신문 '은평시민신문'과 '저널서울' 온라인 매체를 통해 수집한 은평구 소상공인 인터뷰 자료 및 문헌 자료를 기반으로 작성되었다. 우선 제1장에서는 로컬 상권의 개념 및 주요한 특징을 파악하며 제2장에서는 은평구 상권 및 현황에 대해 분석하였다. 제 3장에서는 해당 상권에서 현재 활동 중인 소상공인들의 현장감 있는 목소리에 귀 기울여 보았다. 이어서 제4장에서는 현재 은평구 로컬 상권이 지니는 의의 및 한계를 조망하며, 추후 로컬 상권이 보다 지속가능한 성장을 이룩해나가기 위한 여러 측면에서의 전략 및 방향성을 제시하였다.

은평구 로컬 상권은 지역 사회의 경제적, 문화적, 공동체적 측면에서의 긍정적 영향을 미칠 것으로 예상되며, 이는 은평구의 독특한 매력과 가치를 부각시키는 중요한 역할을 할 것으로 기대된다. 한편 로컬 상권의 지속적인 성장과 발전을 위해서는 다양한 문제점들, 예를 들어 대규모 자본에 기반한 상권과의 경쟁, 지역쇠퇴 및 젠트리피케이션 현상 등을 극복해야 한다. 이를 위해 지역 고유의 가치를 활용한 차별화 전략, 청년 중심의 혁신적 접근, 젠트리피케이션의 부정적 영향을 최소화하는 전략 등이 필요하다.

이에 은평구 로컬 상권에 대해 제안하는 발전 방향은 다음의 5가지로 요약 가능하다.

첫째, 로컬 상권을 위한 공간적 기반의 조성은 지역 고유의 자원과 커뮤니티를 연결해 매력요인을 창출하는데 중점을 둔다. 이를 위해 지역 내 유휴시설의 창의적 활용이 강조된다.

둘째, 청년을 중심으로 한 로컬 상권 활성화는 청년 창업가와 크리에이터의 육성 및 지원을 통해 새로운 기회를 제공하고, 문화적 가치를 창출하는 것을 목표로 한다.

셋째, 다양한 주체의 적극적 참여를 통한 다각도 지원은 지방자치단체, 기업, 대학, 비영리 단체 등이 협력하여 로컬 상권을 지원하는 것을 포함한다.

넷째, 로컬 상권의 지속가능한 발전을 위한 장기적 계획 수립과 주민 역량 강화는 로컬 상권을 지역 공동체의 핵심 요소로 발전시키기 위한 전략을 담고 있다. 이는 지역의 특성을 반영한 상권 개발 방향 설정과 지역 주민의 참여를 증진시키는 것을 중요시한다.

마지막으로, 지역 고유 자원 활용을 통한 로컬 상권의 경쟁력 확보는 역사적, 자연적 자원 등을 기반으로 한 상품과 서비스 개발을 통해 지역 경제를 활성화하고, 지역의 정체성을 강화하는 것을 목표로 한다.

이러한 제언들은 은평구 로컬 상권이 직면한 현실적 도전을 극복하고, 지역 경제의 다양성과 경쟁력을 강화하며, 지역 사회의 삶의 질을 향상시키는 데 기여할 것으로 기대된다. 지역 내 다양한 주체들과의 협력을 통해 이러한 계획을 구체화하고 실행에 옮기는 것이 로컬 상권 활성화의 핵심이 될 것이다.

로컬 상권은 지역 경제에 활력을 불어넣으며, 지역 사회에 새로운 기회와 다양성, 창의성을 증진시키는 중요한 역할을 수행할 수 있다는 점에서 많은 가능성을 가진다. 특히 이는 소상공인들이 제공하는 독특한 제품과 서비스를 통해 이루어지며, 지역 특색을 반영한 고유한 카페, 공방, 양조장 등은 문화와 예술을 경험할 수 있는 장소를 제공할 것이다.

자본과 자원의 한계를 넘어서는 창의적이고 혁신적인 접근을 통해, 현재 은평구 로컬 상권이 갖는 한계와 과제를 극복하기를, 그리하여 로컬 상권이 지역 경제에 긍정적인 영향을 지속적으로 미칠 수 있는 핵심 요인으로서 더욱 발전하기를 바란다.

도시재생의 뉴 웨이브 : 은평구 로컬 상점 이야기

책값 16,000원
초판 1쇄 인쇄 : 2024년 5월 30일
초판 1쇄 발행 : 2024년 5월 30일
지은이 : 나윤도 류혜림 강광석
편집기획 : 청춘미디어 디자인팀
발행처 : 청춘미디어
출판 등록 : 2014년 7월 20일
전화 : 010 9633 1751
문의 : 29rich@naver.com

ISBN 979-11-93430-01-9